Hans-Dieter Gelfert



# Im Garten der Kunst

## Versuch einer empirischen Ästhetik

V&R

VANDENHOECK & RUPRECHT

**Hans-Dieter Gelfert**

Geboren 1937. Studium der Germanistik, Anglistik und Philosophie in Marburg, Edinburg, London und Berlin; Promotion 1970. Ab 1975 Professor für englische Sprache und Literatur an der Pädagogischen Hochschule Berlin, seit 1980 Professor für Englische Literaturwissenschaft und Landeskunde an der Freien Universität Berlin.

*Die Deutsche Bibliothek – CIP-Einheitsaufnahme*

*Gelfert, Hans-Dieter:*
Im Garten der Kunst: Versuch einer empirischen Ästhetik /
Hans-Dieter Gelfert. –
Göttingen: Vandenhoeck und Ruprecht, 1998
(Kleine Reihe V & R; 4001)
ISBN 3-525-34001-X

KLEINE REIHE V&R 4001



Umschlag: Jürgen Kochinke, Holle
Schrift: Concorde regular
Gesamtherstellung: Hubert & Co., Göttingen

# Inhalt


Vorwort . . . . . . 5
Einleitung . . . . . . 7
Der Gegenstand der Ästhetik . . . . . . 12
Der Geschmack als ästhetisches Organ . . . . . . 16
Klassische Schönheitstheorien . . . . . . 21
Idealität – Zweckmäßigkeit – Vielfalt in der Einheit – Die Schönheitslinie – Interesseloses Wohlgefallen – Freiheit in der Erscheinung
Grundkategorien des ästhetischen Urteils . . . . . . 34
Das Schöne – Das Erhabene – Das Groteske – Das Pittoreske
Die Subjektseite des Ästhetischen: Vier »Uraffekte« . . . . . . 41
Die Objektseite des Ästhetischen . . . . . . 44
Das Anziehende – Das Beeindruckende – Das Abstoßende – Das Interessante
Ein informationstheoretisches Modell . . . . . . 49
Ein neurologisches Modell . . . . . . 54
Bestimmungsmerkmale der Kunst . . . . . . 57
Werkcharakter – Selbstzweck – Finite Form – Scheinhaftigkeit – Zeitlosigkeit – Singularität oder ›das gewisse Etwas‹
Stillgestellte und ritualisierte Lust . . . . . . 65
Appetenzlust und das Schöne – Submissionslust und das Erhabene – Aversionslust und das Groteske – Dominanzlust und das Pittoreske – Nicht-stillgestellte Erwartungslust in der Werbung – Nicht-ritualisierte Befriedigungslust im Sport – Das Problem der Pornographie
Wirkungsweisen der Künste . . . . . . 74
Bildende Kunst – Musik – Dichtung – Ein Beispiel
Der Kitsch . . . . . . 85
Kunst und Wahrheit . . . . . . 88
Kriterien der ästhetischen Wertung . . . . . . 93

Wie allgemein ist das ästhetische Urteil? .................... 95
Die anthropologische Funktion der Kunst .................... 98
Gibt es eine weibliche Ästhetik? .................... 102
Geschmack und Gesellschaft .................... 107
Kunst heute .................... 110
Verweigerung von stillgestellter Erwartungslust - Verweigerung von ritualisierter Befriedigungslust - Zitat, Selbstreferenz und Rekursivität - Ikonisierung des Banalen - Verabsolutierung der Kreativität - Absolute Freiheit - Irritation - Der Gimmick - Die Austreibung des Bürgers aus der Kultur
Im Garten der Kunst - Persönliches Nachwort .................... 124
Palmström Piktor - Satyrspiel mit Gruß an Morgenstern
Quellenverzeichnis .................... 128
Literaturhinweise .................... 129
Namenregister .................... 140

Marmorkopie des Kopfes der Venus von Knidos von Praxiteles (um 330 v. Chr.). Die berühmte Hetäre Phryne soll Modell gestanden haben. Sowohl Phryne selbst als auch die knidische Aphrodite galten schon in der Antike als Inbegriff des griechischen Schönheitsideals. Original: Staatliche Museen zu Berlin; Foto: Reinhard Saczewski, bpk.

# Vorwort

Lassen sich in einem schmalen Buch Fragen beantworten, auf die eine ganze Bibliothek philosophischer Werke keine zufriedenstellenden Antworten gibt? Wohl kaum. Vielleicht lässt sich aber ein Weg erkunden, den die Weisen und ihre Gefolgschaft zu wenig beachtet haben, weil er durch das platte Land der Empirie führt. Das Nachdenken über das Schöne und die Kunst vollzog sich bisher fast ausschließlich auf höchster Ebene. Es ging dabei um das sinnliche Erscheinen der Wahrheit (Platon und Hegel), um die Versöhnung von Sinnlichkeit und Sittlichkeit (Schiller) und um die Verpflichtung der Kunst, durch kritische Negativität die bedrohte Humanität zu retten (Adorno), doch nur selten um die Frage, was eigentlich im Menschen geschieht, wenn er ästhetisch genießt. Ist es überhaupt sinnvoll und zulässig, in der Kunst nach Wahrheit und nach ethischen Werten zu suchen? Besteht ihr Wesen nicht gerade darin, dass sie weder belehren noch bessern, sondern zuerst und vor allem gefallen will? Die Frage nach der ästhetischen Lust, die im 18. Jahrhundert im Mittelpunkt der Diskussion stand, ist nach Kant ganz in den Hintergrund getreten. Von Hegel bis Adorno wird der Kunst eine schwere Last aufgebürdet, unter der allen Beteiligten die Lust daran eigentlich vergehen müsste. Gewiss gab es auch Gegenstimmen. So hat in neuerer Zeit Hans Robert Jauß versucht, gegen Adorno das spezifisch Ästhetische wieder ins Blickfeld zu holen. Doch der Tenor des Nachdenkens über Kunst und der Anspruch, den sie selber stellt, drücken die grundsätzliche Überzeugung aus, dass Kunst eine zu ernste Sache sei, als dass man sie zum Gegenstand des Genusses herabwürdigen dürfte. Nur einige Experimentalpsychologen, zumeist Amerikaner, und ein paar Informationstheoretiker suchten unentmutigt weiter nach dem Grund des Vergnügens an ästhetischen Gegenständen, doch ohne sonderliche Beachtung seitens der philosophischen und kunstwissenschaftlichen Zunft.

Wenn nun im vorliegenden Buch der Faden aus dem 18. Jahrhundert, wo ihn die Philosophen nach Kant fallen ließen, wieder aufgenommen und weitergesponnen wird, wenn auf psychologische, neurologische und informationstheoretische Modelle Bezug genommen wird und wenn dabei wiederholt Aussagen über die ästhetische Debatte in neuerer Zeit gemacht werden, wird der Leser ein dichtes Unterholz von Fußnoten erwarten. Es wäre aber wenig sinnvoll, sich fortwährend mit Ansichten auseinanderzusetzen, die mit dem eigenen Argumentationsgang wenig zu tun haben. Deshalb wurde auf besagtes Unterholz ganz verzichtet. Stattdessen findet der Leser am Ende des Buches einen Anmerkungsteil, in dem zu jedem Aspekt die Literatur genannt wird, die der Verfasser als hilfreich, anregend und diskussionswürdig empfand. Dem Kommentar dazu ist der Dank zu entnehmen, den er selber einzelnen Büchern und der Forschungsliteratur insgesamt für ihre Anregungen schuldet.

Die Hauptabsicht des Buches ist aber, die ästhetische Diskussion von den luftigen Höhen der metaphysischen, dialektischen oder negativ-dialektischen Spekulation herunter- bzw. aus den Theoriegebäuden der Zeichentheoretiker herauszuholen, indem die Untersuchung dort ansetzt, wo das ästhetische Phänomen *in statu nascendi* erscheint, nämlich bei der von Lust begleiteten Wahrnehmung. Da das erste vom Lustprinzip ausgehende Ästhetikmodell die aristotelische Deutung der Tragödie ist, soll das Buch so enden wie ein tragischer Zyklus bei den Griechen, mit einem Satyrspiel – nicht um das zuvor Ausgeführte in Frage zu stellen, sondern um zu dokumentieren, dass lustvolle Auflösung von Spannung das A und O der Kunst ist, sogar da, wo diese den Menschen tief erschüttert.

# Einleitung

Seit vermutlich über hunderttausend Jahren produzieren Menschen Gegenstände, die als Kunst bezeichnet werden. Was davon erhalten geblieben ist, füllt Tausende von Museen, Bibliotheken und Archiven, während die aktuelle Produktion Millionen von Menschen in Theatern, Konzertsälen, Opernhäusern, Schulen, Universitäten, Kunstakademien, Galerien und Buchhandlungen beschäftigt. Auch wenn der prozentuale Gesamtbeitrag des Kunstschaffens zum Bruttosozialprodukt eher bescheiden ist, hat ein Werk wie Homers *Ilias* mit hoher Wahrscheinlichkeit allein durch seine Langzeitwirkung mehr wirtschaftliche Aktivität in Gang gesetzt als eine ganze Fußballweltmeisterschaft. Bedenkt man ferner, dass sich seit über hundert Jahren mehr Geisteswissenschaftler mit der Erforschung von Kunstprodukten als Künstler mit deren Herstellung befassen, muss es umso mehr verwundern, dass trotzdem niemand genau sagen kann, was Kunst eigentlich ist. Am verwunderlichsten ist die Tatsache, dass die Frage nach ihrem Wesen so selten gestellt wird. Der Verfasser, der, zuerst studierend und dann lehrend, rund vierzig Jahre in der anglistischen Literaturwissenschaft zugebracht hat, ist dabei nur wenigen Kommilitonen und Kollegen begegnet, die sich von dieser Frage beunruhigen ließen.

Gymnasiasten reden sich oft noch die Köpfe darüber heiß, weshalb Goethes *Faust* wichtiger sein soll als ein Buch von Stephen King. Doch nach dem Abitur widmen sich die meisten dem praktischen Leben. Eine Minderheit schließt sich dem Tross der Geisteswissenschaftler an, die einzelne Kunstwerke akribisch erforschen, ohne sich den Kopf darüber zu zerbrechen, was diese Werke von Nicht-Kunst unterscheidet. Sollte dies aber nicht die erste Frage sein, die an ein Kunstwerk zu stellen ist? Und müsste nicht als nächstes die Frage folgen: Was bewirkt das Werk in uns im Moment der Wahrnehmung? Auch sie wird nur selten in so allgemeiner Form gestellt. Zwar gibt es in der Literaturwissenschaft inzwischen eine gut entwickelte Sparte mit dem Namen Rezeptionsästhetik, doch sie befasst sich entweder ganz allgemein mit der Rezeption von Texten, ohne nach deren Kunstcharakter zu fragen, oder sie untersucht gattungsspezifische Rezeptionsformen etwa beim Drama oder beim Roman. Im letztgenannten Fall geht es eher um poetologische Fragen, während im ersten Fall Kommunikationsprozesse untersucht werden, die bei einem großen Kunstwerk nicht anders ablaufen als bei einem weniger bedeutenden oder bei einem Text, der überhaupt keinen Kunstanspruch stellt. Das führt zur nächsten Frage, nämlich der: Was unterscheidet große Kunst von weniger großer?

In den Wissenschaften, die sich mit Dichtung, Musik und bildender Kunst befassen, steht keine der drei Fragen im Mittelpunkt. Früher wurden sie nicht gestellt, weil man den Kunstcharakter der Objekte, mit denen man sich befasste, als gegeben ansah. Schließlich war die bloße Tatsache, dass sich Homers *Ilias* in der Tradition so lange halten konnte, Beweis genug für die künstlerische Qualität und damit zugleich der Maßstab für den Kunstcharakter späterer Werke. Heute ist man noch weniger geneigt, die Frage nach dem Wesen der Kunst zu stellen, da sich inzwischen die Literaturwissenschaft als Textwissenschaft versteht und alle Kunstwissenschaften sich unter dem Dach der Semiotik wiederfinden, für die die Zeichensysteme der Kunst nicht anders funktionieren als die der Mode oder des Straßenverkehrs. Ist eine Literaturwissenschaft, die sich als Textwissenschaft begreift, aber nicht wie eine Musikwissenschaft, die sich zur Geräuschwissenschaft erklärt? Alle Musik ist, wie schon Wilhelm Busch befand, »mit Geräusch verbunden«, aber nur wenige Geräusche sind Musik. Desgleichen sind alle Dichtungen Texte, aber nur wenige Texte Dichtung. Sollte man darum nicht zu allererst nach dem Kunstcharakter von Dichtung fragen, statt sich mit ihrem Textcharakter auseinanderzusetzen?

Wenn sich gegenwärtig die vertrauten Grenzen zwischen den Künsten und innerhalb der Künste zwischen den Gattungen allenthalben auflösen, wenn Happenings und Videoinstallationen neben gemalte Bilder treten und Gedichte von kryptischer Tagebuchprosa oft nicht zu unterscheiden sind, kann dies ein fruchtbares Aufbrechen verkrusteter Traditionen sein; es könnte aber auch die Auflösung eines in Jahrhunderten gewachsenen Formbewusstseins bedeuten, durch das Kunst überhaupt erst möglich wurde. Überlegungen wie diese werden meist nur von denen angestellt, die der modernen

Kunst am Zeuge flicken wollen, womit sie sich aus dem seriösen Diskurs ausklinken. Das Ressentiment des Spießers begleitet die Kunst spätestens seit dem Beginn der Moderne. Schon die Impressionisten riefen Wut und Empörung hervor. Da aber heute van Goghs Sonnenblumen an Wänden hängen, an denen früher ein röhrender Hirsch oder der Königssee prangte, könnte man vermuten, dass mit der üblichen Verzögerung irgendwann auch die zeitgenössische Kunst ein breiteres Publikum finden wird. Andererseits liegen zwischen dem Untergang des römischen Reichs und der ersten Blüte der mittelalterlichen Kultur Jahrhunderte, aus denen wenig Kunst überliefert ist. Niemand kann sagen, ob dies ein Rückfall in die Barbarei oder das langsame Wachstum von etwas Neuem war, nachdem die alte Kultur ihre Möglichkeiten erschöpft hatte. Immerhin lassen die aufeinander folgenden Renaissancen zur Zeit Karls des Großen, Ottos I. und der Staufer erkennen, dass etwas verlorengegangen war, was zurückgeholt werden musste und erst in der eigentlichen Renaissance vollständig wiedergewonnen war.

Auch heute kann niemand sagen, ob die zeitgenössische Kultur eine Phase des Niedergangs oder die Vorbereitung von etwas Neuem ist. Vielleicht hatte Josef Beuys recht, als er das Ende des alten hierarchischen Kunstbegriffs und das Heraufkommen eines neuen, konsequent demokratischen verkündete. Eine Massenkultur, in der schon in naher Zukunft jeder Einzelne wie durch eine Nabelschnur mit dem Internet verbunden sein wird, kann mit dem Kunstbegriff der zurückliegenden zweieinhalb Jahrtausende wenig anfangen. Doch auch hier stellt sich die Frage, ob die zeitgenössische Kunst tatsächlich die Vorhut des Neuen ist oder ob sie nicht eher verzweifelte Nachhutgefechte führt. Ist eine weiße Leinwand mit einem Schlitz darin, wie sie mit der Signatur Lucio Fontanas in vielen modernen Bildergalerien hängt, ein deklaratorischer Akt, mit dem ein Maler den klassischen Anspruch, Schöpfer von etwas Vollendetem zu sein, absichtlich zerstört, oder ist es ein Gimmick, mit dem sich einer durch eine erkennbare persönliche Note aus dem Heer der grauen Mäuse herauszuheben versucht, um jene Singularität zu erreichen, die bisher das Merkmal von Kunstwerken war?

All das sind Fragen, die zu stellen man das Recht haben sollte, ohne gleich den Spießern zugerechnet zu werden. Im übrigen – was ist das eigentlich, ein Spießer? Adorno wurde nicht müde, die Rancüne des ungebildeten Kleinbürgers mit der Häme des Intellektuellen zu überschütten. Doch die schlimmsten Blutbäder wurden nicht von Spießern angerichtet, sondern von Intellektuellen, die die Menschheit mit Guillotine und Gaskammer zu veredeln suchten. Hitlers wirksamste Handlanger waren Akademiker, die Hölderlin lasen, sich an Wagner berauschten und Heideggersche Seinsmystik an die Stelle des gesunden Menschenverstands setzten, der beim Spießer meistens noch funktioniert. Deshalb ist intellektueller Hochmut fehl am Platze. Im Gegenteil, wer als Angehöriger des Kulturbetriebs direkt oder indirekt vom Geld der Allgemeinheit lebt, sollte es als seine erste Pflicht empfinden, sich der Allgemeinheit verständlich zu machen. Dies gilt in besonderem Maße für die Geisteswissenschaftler, die mit öffentlichen Mitteln einer Beschäftigung nachgehen, die andere gern als Hobby betreiben würden, wenn sie die Muße dazu hätten.

Die Verdienste, die sich Kunst- und Literaturwissenschaftler um die Pflege des kulturellen Erbes erworben haben, brauchen sie sich durch niemanden schmälern zu lassen. Doch sie müssen sich dabei stets bewusst sein, dass der Ast, auf dem sie sitzen, nur so lange trägt, wie Jahr für Jahr frischer Saft nachströmt. Vital bleibt eine Kultur nur, wenn sie von der Gesellschaft im Ganzen genährt und gestützt wird. Dazu gehört zum einen, dass die Mehrheit sich mit dem traditionsgebundenen Teil der Kultur identifiziert, und zum andern, dass sie die vorpreschende Avantgarde als solche anerkennt, selbst wenn sie sie noch nicht versteht. Wenn aber das Band zwischen Avantgarde und Tradition zerreißt, wird beides absterben. Die Tradition wird zum gesellschaftlichen Ritual erstarren und die Avantgarde wird sich zu einer Abfolge von Gimmicks verflüchtigen.

Was Tradition und Avantgarde bisher zusammenhielt, war der gesellschaftliche Konsens, dass es sich bei beiden um Kunst handelt und dass Kunst etwas ist, was es zu bewahren und zu fördern gilt. Selbst die, die nie freiwillig eine Zeile des *Faust* lesen würden, teilten bisher die Ansicht, dass Goethes Dichtung ein bedeutendes Kunstwerk ist und damit einer Klasse von Gegenständen angehört, von der sie selber die weniger anspruchsvollen Ausführungen wie beispielsweise Volksstücke, Operetten oder Musicals bevorzugen. Wenn aber die Mehrheit mit der Tradition kaum noch bekannt gemacht wird und wenn sie für die Avantgarde nur noch verständnisloses Kopfschütteln aufbringt, droht der Konsens zu zerbrechen. Dann bleibt zwar immer noch die Hoffnung, dass auf dem brachliegenden Acker die Saat einer völlig neuen Massenkultur aufgehen könnte, doch die Brache könnte sehr lange dauern. Deshalb sollte man etwas entschiedener darüber nachdenken, wie dem gutwilligen Mitbürger die postmoderne Kunst vermittelt werden kann. Das setzt aber voraus, dass man erst einmal den Kunstcharakter der traditionellen Kunst hinreichend aufklärt.

Diese Aufklärung ist das Ziel der nachfolgenden Untersuchung. Dabei wird es zunächst nicht um Kunst, sondern um ästhetische Wahrnehmung ganz allgemein gehen. Erst wenn geklärt ist, worin das Ästhetische im weitesten Sinne besteht, hat es Sinn, nach dem Ästhetischen in der Kunst zu fragen. Vielleicht gelingt es einer solchen Betrachtungsweise, die Zirkelschlüsse aufzubrechen, in denen sich ein Großteil der heutigen Kunsttheorie bewegt. Wer seinen Kunstbegriff aus dem aktuellen Kunstschaffen gewinnt, um ihn dann auf ebendieses anzuwenden, kann bestenfalls durch die Geschichte bestätigt oder widerlegt werden. Wenn sich aber auf empirische Weise invariante Strukturen im ästhetischen Verhalten des Menschen ganz allgemein aufzeigen lassen, werden möglicherweise Wege sichtbar, die zu einem besseren Verständnis der zeitgenössischen Kunst führen – und ebenso Irrwege, die der ästhetischen Disposition der menschlichen Natur zuwiderlaufen.

# Der Gegenstand der Ästhetik

Der Mensch verhält sich zur Welt auf dreierlei Weise. Er reagiert auf sie im Moment der Wahrnehmung mit Affekten, er ordnet das Wahrgenommene in einen Erkenntniszusammenhang ein, und er will das Erkannte im Sinne seiner Interessen beeinflussen. Mit anderen Worten: sein Bewusstsein wird durch Fühlen, Denken und Wollen bestimmt. Die Philosophen haben den drei Begriffen je ein Reich mit einem besonderen Leitwert zugeordnet: es sind die Reiche des Schönen, Wahren und Guten. Mit jedem davon befasst sich eine eigene philosophische Disziplin: mit dem Schönen die Ästhetik, mit dem Wahren die Erkenntnistheorie und mit dem Guten die Ethik. Die Eingrenzung des Ästhetischen erfordert darum zunächst eine Abgrenzung vom Kognitiven und vom Ethischen.

Der Mensch ist wie alle Lebewesen auf Selbsterhaltung und Arterhaltung programmiert. Da bei Mensch und Tier beides mit Anstrengung verbunden ist, konnten sich in der Evolution nur solche Überlebensstrategien zu höheren Formen entwickeln, die Anstrengung mit Lust belohnten. Um den Lustgewinn planbar zu machen, musste sich ein kognitiver Apparat herausbilden, der alles Wahrgenommene in ein kohärentes Abbild der Welt im Bewusstsein einpasste. Dies ist der Fall, wenn die Wahrnehmung keinen Anlass zum Zweifel gibt, also in das erkannte Weltbild passt und damit wahr ist. Außerdem soll das Wahrgenommene und nun Erkannte im weitesten Umfang den eigenen Interessen dienen, also gut sein. Folglich mussten sich Wertbegriffe und Verhaltensregeln entwickeln, nach denen das Individuum beurteilen kann, wann etwas als gut oder schlecht anzusehen ist.

Auf die Frage, wann Erkenntnis wahr und wann ein Ereignis gut ist, braucht hier nicht eingegangen zu werden, da es nur um das Ästhetische geht, also um den Komplex affektiver Reaktionen, die die Wahrnehmung begleiten. Die weitere Verarbeitung der wahrgenommenen Sinnesdaten im Computer des Gehirns, sei es als Zuordnung von Erkenntnis, sei es als ethische Wertsetzung, interessiert dabei nur insofern, als die ästhetische Wahrnehmung davon abgegrenzt werden muss. So verstanden ist die ästhetische Dimension etwas, das der Erkenntnis und der Willensbestimmung vorausgeht. Deshalb wurde der Begriff *aisthesis* ursprünglich für den Gesamtbereich der sinnlichen Wahrnehmung geprägt, der bis zum Beginn des 18. Jahrhunderts als ein niederes Erkenntnisvermögen angesehen wurde. Diesem war die reine Vernunft als das höhere Erkenntnisorgan übergeordnet, weil sie abstrakte Ideen und damit Wahrheit erkennen konnte, ohne dabei möglichen Sinnestäuschungen ausgesetzt zu sein. Noch bei Alexander Gottlieb Baumgarten (1714–62), dessen *Aesthetica* (1750–58) den Titelbegriff zum erstenmal im Sinne von ›Philosophie der Kunst‹ gebraucht, geht es um dieses niedere Erkenntnisvermögen. Erst die von Locke begründete empiristische Erkenntnistheorie der Engländer schuf die theoretischen Voraussetzungen dafür, die sinnliche Wahrnehmung nicht als eine niedere, sondern als die primäre Erkenntnisquelle zu sehen.

Auf dem Boden dieser empiristisch-sensualistischen Erkenntnistheorie schrieb Edmund Burke (1729–97) sein Buch *A Philosophical Enquiry into the Origin of Our Ideas of the Sublime and Beautiful (Eine philosophische Untersuchung des Ursprungs unserer Ideen vom Erhabenen und Schönen),* das 1757 anonym erschien und 1759 unter seinem Namen mit einer »Introduction on Taste« neu aufgelegt wurde. Hier wurde zum ersten Mal die ästhetische Wahrnehmung nicht mehr als ein Erkenntnisvorgang, sondern als ein affektives Geschehen gedeutet. Damit wurde Burke zum eigentlichen Begründer der Ästhetik im heutigen Sinne, die durch Kants *Kritik der Urteilskraft* ihr erstes theoretisches Fundament erhielt. Burke sieht im Erlebnis des Schönen und des Erhabenen zwei unterschiedliche Erregungsmuster der sinnlichen Wahrnehmung. Das Schöne affiziert seiner Meinung nach das psychologische und physiologische Streben nach Lust und unterstützt damit den sexuellen Arterhaltungstrieb. Das Erhabene hingegen affiziert die Schutzsysteme des Schmerzes und der Angst und unterstützt so den Selbsterhaltungstrieb. In Lust verwandelt sich die Angst vor dem Erhabenen, sobald der Betrachter erkennt, dass sie unbegründet ist, weil die Unlust unterhalb der Schmerzgrenze bleibt.

Bei Burke wird zum ersten Mal das ästhetische Erlebnis als ein Anheben und Absenken des Erregungsniveaus in der Psyche gedeutet. Dass dieser Gedanke so spät aufkam, ist verwunderlich; denn eigentlich hätte man bereits durch die Poetik des Aristoteles darauf gestoßen werden müssen, um die seit der Renaissance alle Überlegungen zur Kunst kreisten. Aristoteles beschreibt darin das Reaktionsmuster, das im Zuschauer beim Erleben einer Tragödie abläuft. Dabei hat seine Argumentation einen leicht zu durchschauenden Hintergrund. Sein Lehrer Plato hatte die Künste aus dem Staat verbannen wollen, weil sie Affekte hervorriefen und damit die Stabilität eines ausschließlich rational begründeten Gemeinwesens gefährdeten. Um dieses Argument zu entkräften, musste Aristoteles nachweisen, dass Platons Verdacht unbegründet war. Dass sowohl die Musik als auch die Tragödie leidenschaftliche Affekte hervorrufen, konnte er nicht bestreiten. So blieb ihm nur die Möglichkeit, den Nachweis ihrer Ungefährlichkeit zu erbringen. Er tat dies in der Weise, dass er das An- und Abschwellen der Affekte als einen orgastischen Vorgang der Affektentladung deutete, so dass die Tragödie, statt Urheber von gefährlichen Leidenschaften zu sein, vielmehr eine soziale Therapie im Sinne einer Affektabfuhr bewirkt.

Das Anschwellen des Erregungsniveaus wird in der Tragödie durch *phobos* bewirkt, was bei Aristoteles nicht, wie man lange Zeit glaubte, moralische Angst vor etwas Bösem, sondern physiologischen Schrecken angesichts eines drohenden Unheils bedeutet. Hat die Handlung den Punkt erreicht, an dem das Unheil unwiderruflich geschehen ist, bleibt dem Zuschauer nur noch die Möglichkeit, die aufgestauten Affekte durch *eleos* abzureagieren. Auch dieser Begriff wurde lange missverstanden und in einem moralisierenden Sinn mit ›Mitleid‹ übersetzt. Doch Aristoteles verstand ihn ebenfalls eher physiologisch im Sinne eines jammernden Abreagierens der aufgestauten Erregung. Wenn die durch Schrecken ausgelöste Anhebung des Erregungsniveaus durch Jammer abreagiert ist, bleibt am Ende ein Gefühl der Entlastung zurück, das Aristoteles als *Katharsis* bezeichnete. Das Missverständnis der beiden ersten Begriffe führte notwendigerweise zu einem Missverständnis auch dieses dritten, weshalb man ihn bis in die Mitte des 19. Jahrhunderts als Reinigung im moralischen Sinne verstand, wobei unklar blieb, wer von was gereinigt wurde. Erst seit der Altphilologe Jakob Bernays und nach ihm weitere Fachkollegen zeigen konnten, dass Aristoteles das ganze Reaktionsschema der Tragödie medizinisch im Sinne einer Reinigung von Affekten verstand, wurde klar, weshalb damit die Platonische Ächtung von Musik und Tragödie nicht nur widerlegt war, sondern beide Künste sich jetzt geradezu als soziale Therapien anboten. Ohne auf Aristoteles Bezug zu nehmen, hat Edmund Burke diesen Grundgedanken zwei Jahrtausende später zur Basis seiner Deutung des ästhetischen Erlebnisses gemacht und damit die empirisch-sensualistische Ästhetik begründet.

Wenn man dem bisher Ausgeführten folgt und den Ort des Ästhetischen in einem die Wahrnehmung begleitenden Lusterlebnis sieht, ist die Abgrenzung des Reichs des Schönen von dem des Wahren und Guten ausreichend geklärt. Der Vollständigkeit halber sollte aber noch ein viertes Reich erwähnt werden: das des Glaubens mit dem Leitwert des Heiligen. Der Glaube, der allen Religionen zu Grunde liegt, ist ein auf keine Wahrnehmung und keine Erkenntnis gestütztes Vertrauen, das dem »Gefühl schlechthinniger Abhängigkeit« von einer göttlichen Macht entspringt, wie Schleiermacher es nannte. Dies Gefühl, das eine Verbindung von affektiver Lust, kognitiver Gewissheit und ethischer Zufriedenheit darstellt, ohne dass etwas sinnlich wahrgenommen, kognitiv erkannt oder ethisch geleistet wird, vereint damit in sich die Wirkungen der drei anderen Reiche, was sicher der Grund dafür ist, dass der Glaube im evolutionären Überlebenskampf menschlicher Gesellschaften bisher die mit Abstand stärkste Triebkraft war. Da er die drei anderen Reiche in sich umgreift, hat er – anders als das Reich des Guten und Wahren – immer auch etwas mit dem des Schönen zu tun, was durch die Kunstgeschichte hinreichend bestätigt wird; denn jahrtausendelang stand die Kunst überwiegend im Dienst des Heiligen.

# Der Geschmack als ästhetisches Organ

Da *aisthesis* ›sinnliche Wahrnehmung‹ bedeutet, muss am Anfang jeder Ästhetik eine Betrachtung der wahrnehmenden Sinne stehen. Der von Descartes herkommende kontinentale Rationalismus, der in der Leibniz-Wolffschen Schule seine quasi-kodifizierte Form fand, ging von der Annahme aus, dass der Vernunft von Anfang an Ideen eingeboren seien. Alles, was das Denken *clare et distincte* in sich vorfinde, müsse deshalb wahr sein. Die Sinne lieferten demgegenüber nur unscharfe, verschwommene und trügerische Ideen, die erst durch das Denken geläutert werden müssten. Aus der Sicht dieser Erkenntnistheorie war die sinnliche Wahrnehmung ein inferiorer Bereich, dem die Philosophen wenig Aufmerksamkeit widmeten. Erst Baumgarten bemühte sich um eine Aufwertung der sinnlichen Erkenntnis, wobei die Kunst als deren höchstrangiger Gegenstand zum ersten Mal zentral ins Blickfeld der Philosophie rückte.

Ganz anders verlief die entsprechende Diskussion in England. Hier hatte John Locke den schon im Hochmittelalter einsetzenden englischen Empirismus konsequent zu Ende gedacht und ihm eine Form gegeben, die das englische Denken bis heute bestimmt. Den eingeborenen Ideen Descartes setzte Locke die Vorstellung vom menschlichen Bewusstsein als einer *tabula rasa* entgegen, die erst durch Erfahrung beschrieben werde. Damit rückte bei ihm die sinnliche Erkenntnis aus ihrer inferioren Stellung an den ersten Platz; denn »nihil est in intellectu, quod non prius fuerit in sensu« (nichts ist im Verstand, was nicht vorher in den Sinnen war). Leibniz hatte diesem aus der Scholastik stammenden Satz zwar die scharfsinnige Einschränkung hinzugefügt: »nisi intellectus ipse« (ausgenommen der Verstand selber), doch für Locke und die gesamte englische Kultur des 18. Jahrhunderts blieben die Sinne die erste und wichtigste Erkenntnisquelle. Das erklärt, weshalb es gerade Engländer waren, die in jener Zeit der ästhetischen Diskussion die entscheidenden Impulse gaben.

Wenn das ästhetische Urteil sich auf die Gefühle bezieht, die die sinnliche Wahrnehmung begleiten, wird man zuerst einmal deren Organe betrachten müssen. Es sind die bekannten fünf Sinne des Sehens, Hörens, Riechens, Schmeckens und Tastens. Obwohl sie alle fünf gemeinsam dazu beitragen, dem Bewusstsein ein Bild der Außenwelt zu vermitteln, lassen sie sich doch in zwei sehr unterschiedliche Gruppen einteilen. Der Geruchs- und der Geschmackssinn unterscheiden sich von den anderen dadurch, dass sie die Reize der Außenwelt auf chemischem Wege empfangen. Was das bedeutet, wird klar, wenn man zum Vergleich auf die physikalischen Reize der drei anderen Sinne schaut. Die durch Licht- und Schallwellen so wie durch Druck, Reibung und Wärmeempfindung vermittelten Daten, die das Auge, das Ohr und der Tastsinn ans Gehirn melden, lassen sich durch Zeichen abbilden, weshalb für die wahrnehmenden Sinne Kommunikationssysteme entwickelt wurden. So können Sprachsignale mit dem Ohr, dem Auge und im Falle der Blindenschrift mit dem Tastsinn empfangen werden. Für den Geruch und den Geschmack hat der Mensch keine solchen Systeme ausgebildet. Deshalb ist es fast unmöglich, einem anderen exakt mitzuteilen, wie man einen bestimmten Geruch oder Geschmack empfindet, während man optische Eindrücke zeichnen oder heutzutage durch eine Fotografie belegen kann. Vor allem die Kunst hat hochkomplexe Kommunikationssysteme entwickelt. An das Auge appelliert die Malerei, an Auge und Tastsinn die Skulptur, an das Ohr die Musik, an Ohr oder Auge die Sprache, die ihrerseits ein Zeichensystem entwickelt hat, in das sich die anderen übersetzen lassen. Wörter können eine Welt vor das innere Auge rufen, die man sich sichtbar, hörbar und fühlbar vorstellen kann.

Dem stehen die beiden chemischen Sinne gegenüber, denen kein Kommunikationssystem entspricht. Umso merkwürdiger ist, dass ausgerechnet der Geschmack ausgewählt wurde, um stellvertretend die affektive Reaktion auf sinnliche Wahrnehmung zu bezeichnen. Er ist noch dazu der am wenigsten differenzierte Sinn. Die Geschmacksnerven der Zunge können nur zwischen süß, sauer, salzig und bitter unterscheiden. Alles übrige, was man zu schmecken glaubt, steuert die Nase bei. Da aber die Geruchsreize von Speisen durch den Mund in die Nase gelangen, ist verständlich, weshalb man sie dem Geschmack zuordnete. Die Vermutung liegt nahe, dass gerade das Fehlen eines Kommunikationssystems der Grund ist, wodurch der Geschmack zum Inbegriff eines von der Kognition eindeutig unterscheidbaren Wahrnehmungsorgans wurde. Zudem spielen Geschmack und Geruch in der frühkindlichen Entwicklung eine stärkere Rolle als die drei anderen Sinne. Das gilt übrigens auch für die phylogenetische Entwicklung der höheren Lebewesen insgesamt. Lange vor Entwicklung des Großhirns gab es bereits einen sehr alten Teil des Gehirns, den sogenannten Riechkolben, in dem die chemische Wahrnehmung der Umwelt registriert wurde. Dennoch ist dieses physiologische Geschmacks- und Geruchssystem etwas anderes als der ästhetische Geschmack.

Der in Mund und Nase lokalisierte physiologische Geschmack ist ein rein rezeptives Organ, das nach dem Schema von Reiz/Reaktion funktioniert. Es meldet an das Gehirn Daten, mit deren Hilfe die grauen Zellen des Kortex den wahrgenommenen Gegenstand identifizieren können. Gleichzeitig lösen sie im limbischen System, das man sich gewissermaßen als den Kortex des alten Riechhirns vorstellen kann, positive oder negative Affekte aus. Je nachdem, ob der Gegenstand eine faule Kartoffel oder eine reife Erdbeere ist, wird dieser Teil des Hirns mit aversivem Ekel oder mit appetitivem Lustgefühl reagieren. Den letzten Fall quittiert das Gehirn mit dem kognitiven Vermerk: Es schmeckt. Anders verhält es sich mit dem ästhetischen Geschmack. Zwar reagiert auch er mit Hin- und Wegstreben, doch wenn ihm etwas zusagt, dann lautet sein Urteil nicht: ›es schmeckt‹, sondern ›es gefällt mir‹. Was bedeutet dieser Unterschied? Er bedeutet zunächst einmal, dass sich der ästhetische Geschmack nicht auf den konsumtiven Genuss einer Sache, sondern allein auf ihre Wahrnehmung bezieht. Schon die Tatsache, dass sich das Urteil ›es gefällt mir‹ auf Wahrnehmungen aller fünf Sinne beziehen kann, deutet darauf hin, dass es auf einer allgemeineren Ebene gefällt wird als das Urteil ›es schmeckt‹. Letzteres bezieht sich ausschließlich auf den chemischen Sinn. Für die drei physikalischen Sinne gibt es kein vergleichbares Verb. Wenn sie etwas mögen, dann gefällt es ihnen.

Das legt den Schluss nahe, dass sich das Gefallen auf die Ebene der zeichenhaften Abbildung bezieht, die für Auge, Ohr und Tastsinn charakteristisch ist. Andererseits deutet die oben erörterte Merkwürdigkeit, dass das dafür zuständige Organ im Deutschen mit dem Geschmack identifiziert wird, darauf hin, dass die Menschen das Gefallen als etwas empfinden, was der unmittelbaren Sinnesempfindung sehr nahe ist. Das gilt auch für das englische Wort *taste*, das ursprünglich ›tasten‹ bedeutete und sich damit auf denjenigen physikalischen Sinn bezog, bei dem die Unmittelbarkeit am stärksten ausgeprägt ist. Während Auge und Ohr von den wahrgenommenen Gegenständen meist einen gewissen Abstand haben, braucht der Tastsinn einen ähnlich unmittelbaren Kontakt wie die Zunge oder die Nase. Der Unterschied ist nur der, dass die Tasteindrücke von etwas ausgehen, das man zugleich auch sehen kann, während das, was den Geruch und Geschmack einer Sache ausmacht, von keinem anderen Sinn wahrgenommen wird. Doch war gerade ›schmecken‹ die Bedeutung, die das Wort *taste* im Englischen nach der Zwischenstufe ›probieren‹ schließlich annahm.

Übrigens ist die übertragene Verwendung des Geschmacksbegriffs noch sehr jung. Auch wenn vermutet wird, dass schon das lateinische *gustus* (etymologisch verwandt mit ›kosten‹) gelegentlich die über den Gaumengeschmack hinausgehende allgemeinere Bedeutung hatte, zeigte der Historiker Karl Borinski, dass die Verwendung des Begriffs im Sinn von ›ästhetisches Geschmacksorgan‹ auf den spanischen Barockautor Baltasar Gracian zurückgeht, dessen *Handorakel* (1647) zu den meistübersetzten Werken seiner Zeit gehörte. Über italienische und französische Übersetzungen gelangte der neue Begriff bald in die übrigen europäischen Sprachen und wurde im 17. Jahrhundert zu einem festen Bestandteil der Kunst- und Literaturkritik.

Im 18. Jahrhundert zog der Geschmack vor allem in England die Aufmerksamkeit kritischer Köpfe auf sich, was nicht verwunderlich ist, da der dortige Empirismus von einer sensualistischen Erkenntnistheorie ausging. Allerdings ging es Edmund Burke und seinen Zeitgenossen vor allem um die Inhalte des Geschmacksurteils, also um das, was den Geschmack affiziert, und um die Wertbegriffe, an denen er sich orientiert. Erst Kant machte sich daran, das Geschmacksurteil selber zu analysieren. Ihm gelang als erstem eine schlüssige Unterscheidung zwischen dem »Sinnengeschmack« auf der einen und dem »Reflexionsgeschmack« auf der anderen Seite. Letzteren bezeichnet er als »eine bloß reflektierende ästhetische Urteilskraft«. Damit wird dem Geschmack eine amphibische Zwischenstellung zugewiesen, die ihn einerseits von der reinen sinnlichen Wahrnehmung und andererseits vom reinen begrifflichen Verstand trennt und doch an beiden teilhaben lässt. Um ein ästhetisches Urteil fällen zu können, muss das zu Beurteilende der sinnlichen Wahrnehmung im Moment des Urteilens gegeben sein. Zugleich aber kommt zur rezeptiven Sinneswahrnehmung ein reflektierender Prozess hinzu, der seinem Wesen nach kognitiv ist. Letzteres zeigt sich schon darin, dass der ästhetische Geschmack, anders als der physiologische, erst entwickelt werden muss.

Der Ort des Ästhetischen ist demnach jener Bildschirm im Gehirn, auf dem die sinnliche Wahrnehmung sich der kognitiven darbietet. Damit es dort zu einer ästhetischen Wahrnehmung kommen kann, muss der kognitive Apparat imstande sein, die Erscheinungen auf dem Bildschirm nicht als reale, sondern als virtuelle Wahrnehmung aufzufassen. Die reale Wahrnehmung löst einen realen appetitiven oder aversiven Affekt aus, die virtuelle dagegen ein reflektierendes Urteil des Gefallens oder Missfallens. Tiere empfinden nur das erste, Menschen auch das zweite; doch müssen sie die Fähigkeit dazu erst lernen. Das bedeutet, dass der Geschmack gegen kulturelle Störungen sehr anfällig ist. Es genügt schon der Kulturverfall einer einzigen Generation, um die Geschmackskultur auch der nachfolgenden Generationen erheblich herabzusetzen. Deshalb sollte man dem ästhetischen Umweltschutz die gleiche Bedeutung beimessen wie dem ökologischen; denn die Vermenschlichung des Menschen ist ein ebenso hohes Rechtsgut wie die physische Existenz der Menschheit – oder sollte es zumindest sein.

# Klassische Schönheitstheorien

Der traditionelle Leitwert ästhetischer Wahrnehmung ist die Schönheit. Der Begriff taucht bereits in den Fragmenten der Vorsokratiker auf. Seitdem haben die Philosophen nicht aufgehört, sich um eine Definition zu bemühen und nach den formalen Kriterien zu suchen, durch die sich ein schöner Gegenstand von einem unschönen unterscheidet. Obgleich dabei, wie es bei Philosophen üblich ist, eine Vielzahl subtiler, manchmal auch haarspalterischer Bestimmungsmerkmale formuliert wurden, lassen sich die meisten Theorien auf die folgenden Denkmodelle zurückführen.

## Idealität

Die längste und nachhaltigste Wirkung hatte der Schönheitsbegriff, den Platon im Rahmen seiner Ideenlehre entwickelte und der danach bis zum Beginn des 18. Jahrhunderts den meisten Definitionen des Schönen zugrunde lag. Da Platon meinte, dass die Dinge der Welt Abbilder von Ideen seien, lag der Schluss nahe, dass schöne Dinge deshalb schön seien, weil in ihnen die Idee in besonders reiner Form zum Ausdruck komme. Aus platonischer Sicht war nicht die Tatsache der adäquaten Abbildung der Grund ihrer Schönheit, sondern die erscheinende Idee selber. Da diese aber etwas prinzipiell Unsinnliches war, machte es keinen Sinn, ihren ästhetischen Wert vom sittlichen zu trennen. Folglich fasste Platon beides im Begriff der *kalokagathia*, des Schön-Guten, zusammen, der damit die Grundlage sowohl seiner Ethik wie seiner Ästhetik war.

Diese Einheit wurde auch in der christlichen Philosophie des Mittelalters beibehalten, nur sah man jetzt im Schönen nicht das Erscheinen einer Idee, sondern das Hervorleuchten eines göttlichen Lichts, den *splendor Dei*. Schön war aus dieser Sicht alles, worin sich Gottes ursprüngliche Schöpfung in reiner, unverfälschter Form offenbart. Auch hier galt nicht der adäquate Ausdruck des Schöpferwillens, sondern das göttliche Licht selber als der Grund der Schönheit. Dieses christlich umgedeutete platonische Denken setzte sich auch nach der mittelalterlichen Scholastik fort. Die Renaissance fügte ihm allerdings die Vorstellung hinzu, dass der Künstler durch göttliche Inspiration imstande sei, den *splendor Dei* in die Welt der Erscheinung zu holen. Im 18. Jahrhundert stellten die Engländer und Kant diesem Schönheitsbegriff ganz andere Konzeptionen gegenüber, die im Folgenden betrachtet werden sollen. Doch nach ihnen kehrte Hegel und unter seinem Einfluss die Mehrheit der deutschen Ästhetiker zu Platons Idealismus zurück, nun freilich in der Form dialektischer Spekulation. Für Hegel war Schönheit das »sinnliche Scheinen der Idee« und damit wie bei Platon die Außenseite des Guten und Wahren. Während sie in der Folgezeit auf der rechtshegelianischen Seite mehr der Wahrheit zugeschlagen wurde, stellten sie die Linkshegelianer bis hin zum sozialistischen Realismus in den Dienst des Guten. Auch die empirische Psychologie und die phänomenologisch arbeitende Gestaltpsychologie haben den Platonischen Gedanken für sich nutzbar gemacht, indem sie untersuchten, wie die Psyche aus einer Fülle gleichartiger Erscheinungen ein invariantes Urbild abstrahiert. So konnte in Experimenten gezeigt werden, dass beim Aufeinanderprojizieren vieler weiblicher Gesichter ein Durchschnittsgesicht entsteht, das von Versuchspersonen als besonders schön bezeichnet wird. Interessanterweise ergab der gleiche Versuch mit männlichen Gesichtern, dass dabei ebenfalls ein sehr regelmäßiges Durchschnittsgesicht entstand, das aber von den Versuchspersonen als zu weiblich empfunden wurde. Da die visuelle Wahrnehmung offenbar so funktioniert, dass aus vielen Repräsentanten einer Art ein normativer Idealtyp herausgefiltert wird, lässt sich die ästhetische Befriedigung beim tatsächlichen Auftreten des Ideals so erklären, dass dem Gehirn dadurch Anstrengung erspart wird. Andererseits lehrt die Erfahrung auch, dass normative Schönheit oft als fade, monoton und langweilig empfunden wird, woraus zu schließen ist, dass lustvolle Wahrnehmung eine gewisse Anstrengung des Gehirns voraussetzt.

Nach dem Platonischen Modell lässt sich das Schöne auch als Ausdruck einer besonderen Kongruenz von Idee und Abbild erklären. Obwohl dies in der Sache kaum einen Unterschied macht, bedeutet es in der Theorie, dass Schönheit nichts Substanzielles im Sinne einer geistigen Wesenheit, sondern etwas Funktionales ist. Größer wird der Unterschied, wenn es um Dinge geht, die nicht von der Natur nach dem Vorbild von Ideen, sondern von Menschen zur Erfüllung eines Zwecks geschaffen wurden. Hier ist die Adäquanz von Ding und Zweck, also die Zweckmäßigkeit, oft als Kriterium der Schönheit gedeutet worden. Die Vorstellung, dass optimale Zweckerfüllung etwas mit der Schönheit der Erscheinung zu tun hat, begleitet schon das platonische Denken der Antike. So berichtet Xenophon, wie Sokrates auf die Frage »Also ist auch ein Mistkorb etwas Schönes?« antwortete: »Natürlich, und ein goldener Schild etwas Unschönes, wenn nämlich der Korb für seine Aufgabe geeignet und der Schild für seine Bestimmung ungeeignet ist« (Übersetzung von Johannes Irmscher).

Die Deutung von Schönheit als dem sichtbaren Ausdruck von Zweckmäßigkeit rückte vor allem im Denken der englischen Empiristen des 18. Jahrhunderts stark in den Vordergrund. Da sie sowohl den platonischen Idealismus als auch die Cartesianische Vorstellung von den eingeborenen Ideen ablehnten und statt dessen die Ansicht vertraten, dass alle Erkenntnis erst durch die Sinne ins Bewusstsein gelange, sahen sie im Schönen nicht den Ausdruck von etwas Ideellem, sondern den funktionalen Bezug zu einem Zweck. Dass *fitness* etwas mit Schönheit zu tun hat, war in jener Zeit ein Gemeinplatz. Auch heute noch ist es eine einleuchtende These. Vor allem bei Gegenständen, bei denen Zweckmäßigkeit unabdingbar ist – z. B. bei Düsenjägern, Rennwagen, Schnellbooten usw. – scheint die Korrelation besonders ausgeprägt. Vor Jahrzehnten, als es noch keine Computer gab, erzählte ein Flugzeugbauer dem Verfasser, dass Ingenieure den idealen Tragflächenquerschnitt dadurch zu ermitteln suchten, dass sie per Mehrheitsvotum die schönste Form aussuchten und im Windkanal testeten. Die Testergebnisse waren sehr gut, wenngleich sich nicht beweisen ließ, dass es nicht noch eine bessere Form gegeben hätte.

Auch in der Natur scheint bei vielen Pflanzen und Tieren die vollkommene Erfüllung ihres Zwecks in den Augen des Menschen mit ihrem ästhetischen Wert zu korrelieren, wobei sich der Zweck als biologische Vitalkraft äußert. Selbst bei Tieren, die als hässlich gelten, wirken gesunde Exemplare ästhetisch befriedigender als kranke. Am schönsten finden die meisten Menschen aber solche Tiere, die im Laufe der Evolution entweder selber sehr starke, ästhetisch wirksame und darum als Werbungssignale erfolgreiche Merkmale ausgebildet haben, wie den Pfau, oder solche, bei denen die aus menschlicher Sicht für das Überleben besonders wichtigen Eigenschaften der Kraft, Schnelligkeit und hellwachen Aufmerksamkeit sehr stark ausgeprägt sind, wie Rennpferde, Hirsche, Raubkatzen und Greifvögel. Demgegenüber werden langsamere oder schläfrig wirkende Tiere wie Esel, Kamele und Bären als weniger schön und Schildkröten, Krokodile und Faultiere eher als hässlich empfunden. Das Gleiche gilt für Pflanzen, wo diejenigen mit den auffälligsten Blüten gewöhnlich als die schönsten angesehen werden und das kraftvolle Wachstum einer hoch aufragenden Tanne oder einer weit ausladenden Buche als ästhetisch besonders angenehm empfunden wird. Hier stellt sich die Frage, ob wir *fitness*-Signale als schön empfinden, weil sie sich in der Evolution als günstig im Kampf ums Überleben erwiesen haben, oder ob sich die Signale in der Evolution als günstig erwiesen haben, weil der Wahrnehmungsapparat positiv auf sie reagiert. Tatsache ist jedenfalls, dass Zweckmäßigkeit und Schönheit aus menschlicher Sicht in vielen Bereichen korrelieren und dass dies selbst für die höheren Tiere zu gelten scheint.

Kant nahm die Zweckmäßigkeitsdebatte auf und führte sie noch einen Schritt weiter, indem er Zweck und Begriff gleichsetzte. In der *Kritik der Urteilskraft* schreibt er:

> *Weil nun der Begriff von einem Objekt, sofern er zugleich den Grund der Wirklichkeit dieses Objekts enthält, der Zweck, und die Übereinstimmung eines Dinges mit derjenigen Beschaffenheit der Dinge, die nur nach Zwekken möglich ist, die Zweckmäßigkeit der Form derselben heißt: so ist das Prinzip der Urteilskraft, in Ansehung der Form der Dinge der Natur unter empirischen Gesetzen überhaupt, die Zweckmäßigkeit der Natur in ihrer Mannigfaltigkeit. D. i. die Natur wird durch diesen Begriff so vorgestellt,*

*als ob ein Verstand den Grund der Einheit des Mannigfaltigen ihrer empirischen Gesetze enthalte.*

Die Urteilskraft, die nach Kant die für ästhetische Wahrnehmungen zuständige Erkenntniskraft ist, wird hier vorgestellt als ein Vermögen, das die Relation des Teils zum Ganzen unter dem Aspekt der Zweckmäßigkeit beurteilt. Allerdings ist für Kant das Ganze der Verstand, der die Mannigfaltigkeit der Natur auf den Begriff bringt und damit zur Einheit zwingt. Ganz anders sahen es die Engländer.

## Vielfalt in der Einheit

Die Erfahrung lehrt, dass eine einfache, nicht variierte Form monoton und langweilig wirkt, während eine vielfach sich ändernde, keiner Ordnung folgende als formlos und unschön empfunden wird. Das Schöne muss demnach irgendwo zwischen Vielfalt und Einheit liegen. Die Suche nach seinem geheimnisvollen Ort durchzieht das 18. Jahrhundert vor allem in England wie eine Obsession. Man braucht das Verhältnis von Vielfalt und Einheit nur durch ein sehr Ähnliches zu ersetzen, nämlich durch das zwischen dem Ganzen und seinen Teilen, und man wird mit einem Schlage erkennen, weshalb es für eine im Aufstieg begriffene Bürgergesellschaft von so zentraler Bedeutung war. Anders als in den absolutistischen Staatsordnungen des Kontinents, in denen ein einzelner Souverän einer zum Chaos tendierenden Naturgesellschaft seine Einheit aufzwang, was die Vielfalt in engen Grenzen hielt, ging es im liberal-parlamentarischen England darum, eine Form zu finden, in der das Ganze zwar alle Teile umfasste, in der aber dennoch der Einzelne einen größtmöglichen Freiraum hatte, weshalb innerhalb der Einheit maximale Vielfalt bestehen sollte. Dies ist die Formel, die sich wie ein Leitmotiv durch das englische Denken des 18. Jahrhunderts zieht. Anklänge des neuen Credos finden sich bereits bei Alexander Pope (1688–1744). In seinem *Essay on Criticism* (1711) verband er das auf Vernunft begründete klassizistische Normensystem mit einem anderen, dessen Berufung auf Natur schon die bald danach heraufziehende Romantik ahnen lässt. Er sagt dort:

*No single Parts unequally surprise;*
*All comes united to th'admiring Eyes;*
*No monstrous Height, or Breadth, or Length appear;*
*The Whole at once is Bold, and Regular.*

*Kein Einzelteil soll nach Effekten haschen,*
*Das Ganze soll das Auge überraschen.*
*Statt großer Höhe, Breite, Länge sei*
*Das Ganze kühn, und in der Ordnung frei.*

(Übersetzung vom Verfasser)

Hier wird das Verhältnis der Teile zum Ganzen zunächst noch ganz im klassizistischen Sinne gesehen, d.h. es wird die Unterordnung der Teile unter das Ganze gefordert. Doch an anderer Stelle im *Essay* sagt Pope, dass oft Einzelheiten, wenn sie isoliert oder aus zu großer Nähe betrachtet werden, »monströs und missgestaltet« wirkten, dass sie aber innerhalb der Licht- und Raumproportionen des Ganzen zu »Form und Grazie versöhnt« würden. Damit gesteht auch er dem Teil einen gewissen Freiraum zu, was durch seine Berufung auf die Natur noch unterstützt wird, obgleich er auch dies durch die Forderung einschränkt, dass die Natur durch den Geist »methodisiert« werden solle.

Eine ähnliche Zwischenstellung nahm Popes Zeitgenosse Graf Shaftesbury in seinem im gleichen Jahr erschienenen Essayband *Characteristics of Men, Manners, Opinions, and Times* ein. Obwohl auch er in seinen deistischen Grundansichten ein aufgeklärter Klassizist war, wurde er durch seine fast pantheistisch anmutende Naturverehrung zum ersten Vorbereiter der Romantik, der in Deutschland so begeistert aufgenommen wurde, dass noch ein halbes Jahrhundert später sein berühmter Hymnus auf die Natur von Herder in Versform gebracht wurde. Shaftesburys auf Platon zurückgehende Lehre, wonach jedem Menschen ein moralischer Sinn, *a moral sense*, angeboren sei, wurde von dem schottischen Philosophieprofessor Francis Hutcheson aufgenommen und zur Grundlage eines philosophischen Systems gemacht. Er war der erste, der der Formel von der Vielfalt in der Einheit eine quasi-mathematische Form gab. In seinem Buch *An Inquiry into the Original of our Ideas of Beauty and Virtue* (1725) zeigt zwar der Titel an, dass seinen ästhetischen

Überlegungen immer noch Platons *Kalokagathia*, die Idee von der Einheit des Schönen und Guten, zu Grunde liegt, doch die folgende Formulierung steht ganz auf dem Boden des englischen Empirismus:

> *Was wir in Objekten als schön bezeichnen, ist, mathematisch gesprochen, die Gesamtheit aller Teilverhältnisse von Einheit [uniformity] und Vielfalt [variety]; und zwar so, dass da, wo bei mehreren Körpern die Einheit gleich ist, die Schönheit von der Vielfalt, und da, wo die Vielfalt gleich ist, die Schönheit von der Einheit abhängt.*
>
> (Übersetzung vom Verfasser)

Seit Hutcheson war die Formel »Vielfalt in der Einheit« eine so geläufige Wendung, dass man sie nicht nur in philosophischen Traktaten, sondern überall im essayistischen Schrifttum antreffen konnte. Bei Hogarth, dem das nächste Unterkapitel gewidmet sein wird, spielt sie eine zentrale Rolle, und noch bei William Wordsworth, dem Hauptvertreter der englischen Romantik, nimmt sie in dessen programmatischem Vorwort zur zweiten Auflage der *Lyrical Ballads* von 1800 einen zentralen Platz ein. Wordsworth skizziert dort mit wenigen Strichen eine Theorie der ästhetischen Lust, wobei er sich nicht scheut, diese mit der sexuellen zu vergleichen:

> *Ich meine die Lust, die das Bewusstsein aus der Wahrnehmung von Ähnlichkeit im Unähnlichen gewinnt. Dieses Prinzip ist der große Quell unserer geistigen Aktivität und deren Ernährer. Dem Prinzip entspringen der Sexualtrieb und alle mit ihm verbundenen Leidenschaften; es ist der Lebensnerv unseres alltäglichen Umgangs; und von der Genauigkeit, mit der wir Ähnliches im Unähnlichen und Unähnliches im Ähnlichen wahrnehmen, hängt unser Geschmack und unser moralisches Gefühl ab.*
>
> (Übersetzung vom Verfasser)

Auch der philosophischste Kopf unter den englischen Romantikern, Samuel Taylor Coleridge, nahm die Formel von der »Vielfalt in der Einheit« auf und prägte dafür immer neue sprachliche Wendungen. Dabei bezog er sich nach eigener Aussage auf die Formel *il piu nell' uno*, die er in der italienischen Fassung einer Schrift des Heiligen François de Sales gefunden hatte und für die er immer neue Übersetzungen vorschlug wie z. B. *multitude in unity, multeity in unity, the unity of the manifold* oder *the coalescence of the diverse*.

Dass an der Formel etwas dran sein muss, liegt auf der Hand. Man braucht nur an die beiden ästhetischen Phänomene zu denken, die seit der Antike als die Urquellen des Schönen in Musik und bildender Kunst angesehen werden: die als Naturtöne bezeichneten Primärharmonien und den goldenen Schnitt. Schon Pythagoras wusste, dass sich durch ganzzahlige Teilungen einer Saite nacheinander Töne ergeben, die sich abnehmend harmonisch zum ursprünglichen Ton der Saite verhalten. So ergibt die Halbierung der Saite die Oktave, die vom Ohr als der gleiche Ton in größerer Höhe empfunden wird. Die Dreiteilung ergibt die Quint, die Vierteilung die Quart usw. Gut zwei Jahrtausende später konnte der Franzose Mersenne nachweisen, dass alle Töne als Obertöne im Grundton der Saite mitschwingen. Die physikalische Erklärung des Phänomens lieferte 1701 Saveur. Als harmonisch zueinander empfindet das Ohr Töne offenbar nur dann, wenn sie Obertöne ein und desselben Grundtons sind. Umgekehrt wird ein einzelner Ton als umso angenehmer empfunden, je mehr Obertöne in ihm mitschwingen. Deshalb klingt der Kammerton a auf einer Stradivari schöner, als wenn er elektronisch rein, d. h. ohne Obertöne erzeugt wird; auch dies ein paradigmatischer Fall von Vielfalt in der Einheit.

Das gleiche lässt sich über den goldenen Schnitt sagen. Man versteht darunter eine Teilung, bei der sich die ganze Strecke zum größeren Teilstück wie das größere zum kleinen verhält. Das Interessante daran ist, dass man, wenn man das kleine Teilstück auf das große klappt, wieder einen goldenen Schnitt erhält, sodass in der ursprünglichen Teilung gewissermaßen deren unendliche Wiederholung angelegt ist. Möglicherweise erleichtert diese sich reproduzierende Proportion dem Gehirn die Wahrnehmung; denn da sich eine harmonisch geteilte Strecke bei wechselnder Entfernung mit ständig wechselnder absoluter Länge auf der Netzhaut abbildet, ist das einzig Konstante die gleichbleibende Proportion. Zwar bleiben auch andere Proportionen bei wechselnder Entfernung gleich, doch das Gehirn erkennt die Gleichheit nicht, da es keine Möglichkeit zum direkten Vergleich hat. Nur in einer Teilung nach dem goldenen Schnitt lässt sich die Identität der Proportion durch unmittelbaren Vergleich innerhalb ein und derselben Wahrnehmung erkennen, indem bei der aufeinanderfolgenden Wahrnehmung zuerst des großen und dann des kleinen Teilstücks das letztere auf das Nachbild des ersteren projiziert wird, sodass das Gehirn wiederum die gleiche Proportion registriert. Ob dies eine plausible Erklärung ist, müssen Neurologen entscheiden. Tatsache ist jedenfalls, dass der goldene Schnitt spätestens seit der Renaissance als Inbegriff einer ästhetisch befriedigenden Proportion angesehen wurde und dass ihn, vermutlich intuitiv, schon die alten Griechen kannten.

## Die Schönheitslinie

1753 publizierte der englische Maler William Hogarth ein Buch mit dem Titel *The Analysis of Beauty*, worin er auf eine eigentümlich formalistische, fast mathematisch anmutende Weise zu beweisen versuchte, was er als Maler intuitiv als das formale Geheimnis der Schönheit erkannt hatte, dass nämlich der Inbegriff des Schönen die Schlangenlinie sei, die er als *line of beauty* bezeichnete. Dass ihm diese Idee schon lange durch den Kopf spukte, geht aus seinem Selbstporträt von 1745 hervor. Dort sieht man ihn mit der Palette in der Hand, über die sich eine Schlangenlinie mit der Unterschrift »Line of Beauty« zieht. Ursprünglich setzte sich der Schriftzug noch mit den Worten »and grace« (und der Anmut) fort, die er dann aber übermalte. Acht Jahre später versuchte er die Erklärung dafür zu liefern, dass diese Linie das Maximum an Vielfalt in der Einheit repräsentiert, wobei für ihn die Betonung ganz entschieden auf Vielfalt lag. Um dem Nachdruck zu geben, berief er sich auf Shakespeare, der die unvergleichliche Schönheit Cleopatras, wie Hogarth meinte, mit nur zwei Worten treffend beschrieben habe: »Infinite variety.«

Was ist das Besondere an der Schlangenlinie? Für den modernen Betrachter ist es eine Sinuskurve. Eine solche hat die Eigenschaft, dass sie an jedem Punkt einer Phase eine andere Steigung aufweist, dass aber die Veränderung der Steigung ihrerseits einer Sinusfunktion folgt, nur um eine Phase verschoben, was die Mathematiker Kosinus nennen. Der erste Differentialquotient der Sinusfunktion ist folglich die Kosinusfunktion, die durch eine exakt gleiche Sinuskurve dargestellt wird. Man kann also sagen, dass eine Sinuskurve an unendlich vielen Punkten eine immer andere Steigung hat, dass aber die Veränderung der Steigung einer Funktion folgt, die ihrerseits durch die gleiche Kurve dargestellt wird. Damit läge hier, nach der Obertonreihe und dem goldenen Schnitt, ein drittes archetypisches Paradigma für das Prinzip von Vielfalt in der Einheit vor.

Hogarth kann von dem mathematischen Zusammenhang noch gar nichts gewusst haben; denn die von Newton und Leibniz gleichzeitig, doch unabhängig voneinander entwickelte Differentialrechnung war damals nur Eingeweihten bekannt, und erst Euler hat sie auf die trigonometrischen Verhältnisse von Dreiecksseiten angewandt. Trotzdem muss er mit dem Instinkt des Malers gespürt haben, dass diese Kurve ein besonderes ästhetisches Potential besaß. Übrigens war er nicht der erste Künstler, dem dies bewusst wurde. Praktisch angewendet wurde die Schlangenlinie schon bei den alten Griechen. In England erlangte sie neue Popularität in der Gartengestaltung. So wurde zwischen 1727 und 1737 auf Wunsch von Königin Caroline im Hyde Park ein See angelegt, der noch heute *The Serpentine* heißt. Hogarth scheint allerdings der erste gewesen zu sein, der dem Geheimnis der Linie analytisch auf die Spur zu kommen suchte.

Eine ganz andere Deutung der Schönheitslinie gibt Erasmus Darwin, der Großvater des berühmteren Charles. In seiner Schrift *Zoonomia; or the Laws of Organic Life* (1794/96) führt er die Vorliebe für die sanft geschwungene Schlangenlinie darauf zurück, dass für jeden Menschen die glücklichsten Kindheitserinnerungen mit der Mutterbrust verbunden seien, so dass deren Form danach das Modell für alles Schöne werden musste. Zu dieser Annahme mag auch die Tatsache beigetragen haben, dass lateinisch *sinus* ›Busen‹ bedeutet. Allerdings ist damit nicht die Form der weiblichen Brust, sondern der Brustausschnitt eines Gewands gemeint.

Die Wirkung von Hogarths Buch lässt sich bis in Schillers Briefe an Christian Gottfried Körner aus dem Jahr 1793 verfolgen, in denen der Dichter die Ideen zu einer Schrift *Kallias oder über die Schönheit* entwickelte. Das Projekt wurde nicht abgeschlossen, und die Ideen dazu drangen erst 1847 durch die Herausgabe des Briefwechsels in die Öffentlichkeit. Körner hatte den Dichter auf Hogarths Schönheitslinie aufmerksam gemacht, worauf Schiller das Denkmodell sogleich aufnahm und in seine unvollendete, letztlich gescheiterte Theorie der Schönheit einbaute.

## Interesseloses Wohlgefallen

Kant nahm die englische und die kontinentale Ästhetikdebatte des 18. Jahrhunderts auf und schuf mit seiner *Kritik der Urteilskraft* (1790) die erste systematische und in sich schlüssige Ästhetik überhaupt. Deren Kernstück ist die Unterscheidung des Schönen vom bloß Angenehmen. Schön ist nach Kants Definition das, was ohne Begriff in der bloßen Anschauung interesseloses Wohlgefallen hervorruft. Wer vor sich eine Schale mit reifen Pfirsichen sieht, dem läuft das Wasser im Munde zusammen, und er empfindet ein Wohlgefallen, das mit einem intensiven Interesse am materiellen Genuss der Pfirsiche verbunden ist. Dies ist das interessevolle Wohlgefallen am Angenehmen. Wer die gleichen Pfirsiche aber auf einem Stillleben sieht, betrachtet sie interesselos, da ihn nicht der materielle Genuss, sondern nur die formale Schönheit reizt. Dieser Deutung liegt eine Erkenntnistheorie zugrunde, nach der die Sinne Daten liefern, die von der Einbildungskraft zu Gegenständen der Anschauung synthetisiert werden, worauf der erkennende Verstand die Anschauung unter einen Begriff subsumiert und diesen in Beziehung zu den regulativen Prinzipien der Vernunft setzt. Darin liegt ein Herrschaftsakt der kognitiven Instanz, was von Kant ausdrücklich als solcher beschrieben wird. Nun hat aber der Verstand von jedem Begriff eine Vorstellung, nur nicht davon, was ein Ding im konkreten Fall schön macht. Hier wird der Verstand offenbar von den Sinnen bezwungen. Sie liefern ihm Vorstellungen, für die er keinen Begriff hat, die er aber für schön erklären muss.

In einer außerordentlich scharfsinnigen Deduktion des ästhetischen Urteils weist Kant nach, dass das Wohlgefallen an einem schönen Gegenstand ohne Interesse an dessen materiellem Genuss ist, dass es auf keiner begrifflichen Erkenntnis beruht, dass es aber auch kein bloß subjektives Gefühl ist, sondern durchaus etwas, was von anderen geteilt wird. Zuletzt kommt er zu dem Schluss, dass das «interesselose Wohlgefallen am Schönen» dadurch entstehe, dass die Erkenntniskräfte gleichsam miteinander spielen. Die Einbildungskraft synthetisiert etwas, dass die Vorstellungskraft dem Verstand so präsentiert, als müsste es exakt in die Form eines Begriffs passen wie ein Schlüssel ins Loch. Der Verstand hält aber gar keinen Begriff bereit, so dass er seinen Herrschaftsakt gar nicht ausüben muss. Statt dessen fügt sich die Vorstellung freiwillig in die bereitstehende Form, so dass sich sinnliche Vorstellungskraft und begrifflicher Verstand in völliger Freiheit spielend vereinen.

## Freiheit in der Erscheinung

Auf dem Boden der Kantischen *Kritik der Urteilskraft* hat sich niemand so entschieden um die Grundlegung der Ästhetik bemüht wie Friedrich Schiller. Für ihn ging es nicht um den geheimnisvollen Punkt zwischen Vielfalt und Einheit, sondern um das ebenso schwer zu bestimmende Verhältnis von Sinnlichkeit und Bewusstsein in der ästhetischen Wahrnehmung. Allerdings sah er beide Sphären aus Kantischer Sicht, was bedeutet, dass für ihn die Welt der Sinne dem Zwang der Naturgesetze unterlag, während die des Bewusstseins ein Reich der Freiheit war. Als Dichter wusste er, dass das Schöne ein Gegenstand des sinnlichen Begehrens ist; als Philosoph sah er sich vor den Kantischen Rigorismus gestellt, der besagte, dass der Mensch alles, was er tue, aus Pflichtbewusstsein tun müsse, und dass selbst das Gute, das er aus Neigung tue, nur zufällig gut sei, doch im ethischen Sinne nicht als gut gelten könne.

Schillers Auseinandersetzung mit Kant galt dem Ziel, die von diesem aufgezeigte Kluft zwischen Sinnlichkeit und Sittlichkeit zu überbrücken, wobei er sich eng an Kants Überlegungen hielt. Schon dieser hatte mit seinem Schönheitsbegriff ein Modell der Versöhnung angedeutet, das Schiller zum Kern seiner eigenen Ästhetik machte und auf die Formel brachte: »Freiheit in der Erscheinung ist eins mit der Schönheit«. In den schon früher erwähnten *Kallias*-Briefen beschreibt er das Spiel der Erkenntniskräfte mit einem Bild, das bei Kant bereits anklang, das des Tanzes. Zuvor aber benutzte er ein anderes, das den Aspekt der Freiheit noch klarer ausdrückt, das eines gut sitzenden Kleidungsstücks.

> *Deswegen sind alle ganz enge und ganz weite Kleidungsarten gleich wenig schön; denn nicht zu rechnen, dass beide die Freiheit der Bewegungen einschränken, so zeigt bei der engen Kleidung der Körper seine Figur nur auf Kosten des Kleides, und bei der weiten Kleidung verbirgt der Rock die Figur des Körpers, indem er sich selbst mit der seinigen aufbläht und seinen Herrn zu seinem bloßen Träger herabsetzt.*

Auch hier spiegelt sich, wie bei den englischen Autoren, politisch-gesellschaftliches Denken wider. Während es den Engländern darum ging, Freiheit durch ein Höchstmaß an Vielfalt innerhalb der Einheit zu verwirklichen, sah Schiller die Lösung in der freiwilligen Unterwerfung des Stoffes unter die Form und damit des Teils unter das Ganze. Das entspricht der spezifisch deutschen Sicht des Problems der Bürgerfreiheit. Um frei zu sein, brauchten die Deutschen erst einmal den Schutz eines alle Bürger zusammenfassenden Staates. Da sie keine parlamentarische Tradition hatten, konnte ihnen nur die freiwillige Unterwerfung des Einzelnen unter die Autorität eines moralisch legitimierten Staates Sicherheit und damit Freiheit von Bedrohung gewähren. Im Reich der Ästhetik ist die Auflösung des Teils im Ganzen aber ein Merkmal des Erhabenen und nicht der Schönheit. Damit wird klar, weshalb Schiller das geplante Buch über die Schönheit nicht vollendete, sondern sich statt dessen immer stärker dem Erhabenen und der erhabensten Literaturform, der Tragödie, zuwandte. Das Erhabene blieb danach bis in die Mitte des 20. Jahrhunderts die bevorzugte ästhetische Norm der Deutschen; und die Tragödie wurde die von ihnen am höchsten geschätzte literarische Form.

Im politischen Denken entspricht dem Erhabenen der deutsche Staatsbegriff, der als eine Autorität heischende Instanz vom Einzelnen Unterwerfung verlangt. Freiheit bedeutete für die Deutschen nicht *infinite variety*, sondern im Hegelschen Sinn Einsicht in die Notwendigkeit. Alles dies ist nicht weiter verwunderlich. Während die Engländer dank ihrer Insellage und ihrer parlamentarischen Tradition es sich leisten konnten, den sozialen Urkonflikt zwischen dem Teil und dem Ganzen zugunsten der Teile zu lösen, brauchten die Deutschen auf Grund ihrer Geographie und Geschichte erst einmal das schützende Ganze, bevor sie den Teilen individuelle Freiheit zugestehen konnten.

# Grundkategorien des ästhetischen Urteils

Wenn der ästhetische Geschmack alle Wahrnehmungen mit einem Urteil über deren Gefallen oder Nichtgefallen begleitet, muss er sich auf Eigenschaften des betreffenden Gegenstands beziehen. Viele solcher Eigenschaften wurden im Laufe der Jahrhunderte diskutiert. Die zentrale Kategorie ist seit der frühen Antike das Schöne, von dem bereits das vorige Kapitel handelte. In der Spätantike kam das Erhabene, in der Renaissance das Groteske und im 18. Jahrhundert das Pittoreske hinzu. Daneben wurden und werden noch viele andere Merkmale zu den ästhetischen Grundkategorien gezählt. So hat Johannes Immanuel Volkelt in der Nachfolge Kants dessen Ansatz weiter ausgearbeitet und zu den Kantischen Begriffen des Schönen und Erhabenen weitere »ästhetische Grundgestalten« hinzugefügt: das Charakteristische, das Anmutige, das Tragische, das Komische, den Witz und den Humor. Es ist leicht einzusehen, dass diese Begriffe auf unterschiedlichen Ebenen liegen, da sie entweder keine Objektseite (Humor) oder keine spezifische sinnliche Erscheinungsform (Tragik, Komik, Witz) haben oder aber wie das Anmutige dem Schönen zugerechnet werden können. Das Charakteristische ist schon seinem Wesen nach problematisch. Wenn es das Typische meint, gehört es zum Schönen, meint es dagegen das Atypische, das Exzentrische und Idiosynkratische, dann steht es dem Grotesken nahe. Auf der Ebene der oben genannten Kategorien liegen natürlich auch deren Negationen oder besser: Gegenpole. So steht dem Schönen das Hässliche, dem Erhabenen das Niedliche, dem Grotesken das Possierliche und dem Pittoresken das Fade und Langweilige gegenüber. Auch wenn sich im Einzelnen eine weitere Ausdifferenzierung denken lässt, scheinen doch alles in allem die vier genannten Dimensionen auszureichen, um die ästhetischen Merkmale der Objektseite begrifflich zu fassen, weshalb sie nun noch einmal näher betrachtet werden sollen.

## Das Schöne

Den zuvor betrachteten klassischen Definitionen von Schönheit hat erst Edmund Burke konkretere Bestimmungsmerkmale hinzugefügt. In seiner schon erwähnten Schrift nennt er die folgenden: Kleinheit, Glätte, sanfte Abstufung, Zartheit, Eleganz und Besonderheit; alles dies sind Eigenschaften, die Frauen für Männer begehrenswert machen. Das kann nicht verwundern, da Burke den Schönheitssinn als libidinöse Appetenz auffasst, die dem Arterhaltungsinstinkt entspringt. Burke war der erste, der die Wahrnehmung des Schönen von jeder Art von Erkenntnisvorgang ablöste und sie ausschließlich als Lusterlebnis deutete. Allerdings machte er noch keinen Unterschied zwischen der Wahrnehmungslust des Angenehmen und der des Schönen. Diese für die Kunstästhetik entscheidende Differenz hat erst Kant gesehen. Weitere Versuche, die Merkmale des Schönen empirisch als Eigenschaften eines Gegenstands zu bestimmen, wurden von Philosophen in der Kantnachfolge und von vereinzelten Experimentalpsychologen unternommen, doch neue Ansätze gab es erst durch die mathematisch fundierte Informationstheorie, mit der wir uns später befassen wollen.
Sozialgeschichtlich scheint das Schöne eine besondere Affinität zu ausgeprägt urbanen Kulturen zu haben; denn in Städten wirkt jeder Rest von Wildnis roh und unkultiviert, weshalb es vor allem Stadtkulturen wie das alte Athen, Rom, die italienischen Stadtrepubliken und später Paris waren, die der Schönheit in besonderem Maße huldigten. Ihnen stehen nichturbane Kulturen wie die deutsche gegenüber, in denen das Ideal der Schönheit entschieden hinter dem nächstfolgenden zurücktritt.[1]

## Das Erhabene

Burkes zweiter Zentralbegriff, das Erhabene, hatte im 18. Jahrhundert Hochkonjunktur, zu der sein eigenes Buch maßgeblich beitrug. In der griechischen Form *hypsos* war der Begriff schon seit der spätantiken Schrift *Peri Hypsous* in Umlauf, die fälschlicherweise lange

1 Eine ausführlichere Darlegung dieser Deutung gibt der Verfasser in seinem Buch *Typisch englisch. Wie die Briten wurden, was sie sind.*

Zeit dem Longinus zugeschrieben wurde. Noch verbreiteter als der Begriff war das tatsächliche Phänomen; denn der größte Teil der mittelalterlichen Sakralkunst orientierte sich viel stärker am Erhabenen als am Schönen. Unter ›erhaben‹ versteht man etwas, was mit Ernst, Ehrfurcht und feierlicher Würde wahrgenommen wird. Gotische Kathedralen, gewaltige Berge und das sturmgepeitschte Meer sind typische Beispiele für Wahrnehmungen, die dem Betrachter dies Gefühl vermitteln. Das Gleiche bewirken in der Literatur feierliche Reden, Tragödien und Heldenepen. Im 18. Jahrhundert war es vor allem die neue Sicht der Natur als *natura naturans*, die für das Erhabene empfänglich machte, weshalb der erste englische Dichter, bei dem dies anklingt, nämlich James Thomson, für seine *Jahreszeiten* nicht die zu der Zeit übliche Form des geschliffenen Reimpaars, sondern nach dem Vorbild der erhabensten englischen Dichtung, Miltons *Paradise Lost*, den reimlosen Jambus wählte. Auch das Erhabene deutet Burke konsequent sensualistisch, indem er es als eine Angstlust beschreibt, die – so wie das Schöne den Arterhaltungstrieb – ihrerseits den Selbsterhaltungstrieb aktiviert. Als Bestimmungsmerkmale nennt er das Schreckliche, Dunkelheit, Größe, Macht, Unendlichkeit, monotone Wiederholung, das schwer zu Leistende und das Plötzliche.

In der zweiten Hälfte des 18. Jahrhunderts kam es in Westeuropa zu einem regelrechten Kult des Erhabenen, der sich in der positiven Neubewertung der Gotik, der Begeisterung für Macphersons *Ossian*-Dichtungen und in Deutschland im genialischen Pathos des Sturm und Drang ausdrückte. Die deutsche Kultur blieb dem Ideal des Erhabenen bis in die Mitte des 20. Jahrhunderts treu. Die Türme der Dome in Köln und Regensburg sowie des Ulmer Münsters, die von den meisten für Bauwerke des Mittelalters gehalten werden, entstanden erst im vorigen Jahrhundert, und zwar aus dem Gefühl heraus, dass die erhabene Gotik den Deutschen wesensgemäß sei. Auch das Ausland erkannte in der Neigung zum Erhabenen etwas spezifisch Deutsches, das in der Musik Beethovens, Bruckners und Wagners, in den Bildern Caspar David Friedrichs, in den Dichtungen Hölderlins und im spekulativen Idealismus seinen typischen Ausdruck findet. [2]

2 Weitere Ausführungen im oben genannten Buch des Verfassers.

Mit der Bestimmung des Erhabenen tat sich Kant erheblich schwerer als mit der des Schönen. In der »Analytik des Erhabenen« definierte er es als eine von Lust und Unlust gleichermaßen begleitete »vernünftelnde Kontemplation« der Natur. Was ihm Probleme bereitete, war das Moment von Furcht und Unlust, das im Erhabenen liegt. Deshalb schreibt er, dass

> »... *das Gefühl des Erhabenen eine Lust ist, welche nur indirecte entspringt, nämlich so, dass sie durch das Gefühl einer augenblicklichen Hemmung der Lebenskräfte und darauf sogleich folgenden desto stärkeren Ergießung derselben erzeugt wird, mithin als Rührung kein Spiel, sondern Ernst in der Beschäftigung der Einbildungskraft zu sein scheint.* «

Da für Kant die letzte Instanz in allem die Vernunft war, musste er auch im Erhabenen eine Idee der Vernunft sehen, die ihre eigene Überlegenheit in die Natur hineinprojiziert. Tatsächlich ist aber das Erlebnis des Erhabenen wohl eher ein positives Gefühl von Ohnmacht, das zur Preisgabe der rationalen Kontrolle führt. Ein grandioses Bergpanorama oder ein sturmgepeitschtes Meer ruft den Schauer der Ehrfurcht nicht deshalb hervor, weil es der Vernunft ihre eigene Idee der Unendlichkeit anschaulich macht, sondern weil der überwältigende Eindruck eine angstvolle Erregung bewirkt, der man sich lustvoll hingeben kann, da man in Sicherheit ist. Auch dies hat Burke psychologisch klarer gesehen.

Allerdings haben beide eine höchst bedenkliche Form des Erhabenen gänzlich ignoriert, die für Burke am Kulminationspunkt der Aufklärung noch kein Thema war, die es für Kant aber hätte werden können, wenn er mit seiner Analyse erst nach der Französischen Revolution begonnen hätte. Seit diesem Ereignis sind über Europa immer neue Wellen von kollektiven Erhabenheitsorgien hinweggegangen: patriotische Begeisterungsstürme, ideologische Märsche hinter Fahnen aller Couleurs und schließlich der gespenstische Erhabenheitsrausch unter dem Lichtdom der Nürnberger Parteitage. Was auf ästhetischem Gebiet die einschüchternde Monumentalität einer Kathedrale bewirkt, wird in der sozialen Realität auf ganz ähnliche Weise durch die Auflösung der Individualität in der begeisterten Masse erreicht. Dass im Menschen eine tiefe Sehnsucht nach solchen Erlebnissen angelegt ist, zeigt sich selbst in der heutigen Zeit, die Ideologien gegenüber höchst skeptisch ist. Es gibt Grund zu der hoffnungsvollen Annahme, dass sich im heutigen Deutschland keine Menschenmenge mehr für den totalen Krieg begeistert; allerdings: Wer einem nächtlichen Konzert in der Berliner Waldbühne lauscht, fühlt am Ende eben auch den leisen Schauer, wenn nicht des Erhabenen, so doch der Erhebung, wenn unter dem Nachthimmel Tausende ihre Feuerzeuge entzünden und der Einzelne sich im kollektiven Lichtermeer »aufgehoben« fühlt, was im deutschen Denken seit Hegel bezeichnenderweise die dreifache Bedeutung hat: emporgehoben, aufgelöst unnd aufbewahrt. Das Verlangen danach kann bei einem *zoon politikon* nicht von vornherein schlecht sein; nur der Umstand, dass man sich nicht in der Gemeinschaft, sondern in einer anonymen Masse auflöst, macht die Sache fatal. Eben dies ist der Grund, weshalb das Erhabene aus der seriösen Kunst verschwunden ist. Als Rauschgift in den Händen von Verführern bleibt es aber eine latente Gefahr, wie der gegenwärtige Fundamentalismus allenthalben beweist.

## Das Groteske

Dass auch unschöne Dinge ästhetisches Vergnügen bereiten können, dürfte ein ebenso altes Wissen sein wie die Wertschätzung des Schönen. Bereits aus der Antike sind Darstellungen von Satyrn und Faunen bekannt, die das Gegenteil des klassischen Schönheitsideals darstellen. Der Name *grottesca* und das Interesse daran kam in der italienischen Renaissance auf, als man in den unteriridischen Räumen der Termen und Kaiserpaläste des alten Rom, in den *grotte*, römische Wandmalereien entdeckte, deren Ornamentik bald in Mode kam. Danach wurde der Begriff nach und nach auf alles angewendet, was ästhetischen Reiz durch bewussten Verstoß gegen die Schönheitsregeln bewirkte. Alle Kunst, die ihre Themen oder Formen aus den Niederungen des menschlichen Lebens nahm – von einfachen Bauernschwänken bis hin zur gargantuesken Welt Rabelais' – gehört in diesem Sinn in den Bereich des Grotesken. Bei Malern wie Hieronymus Bosch oder Arcimboldo trägt das gesamte Werk groteske Züge, bei anderen werden groteske Momente eingesetzt, um dadurch die Schönheit oder das Erhabene zu intensivieren. Wenn Shakespeare in *König Lear* makaber-groteske Narrenszenen einfügt, dann erreicht er damit, dass die Höhe des Tragisch-Erhabenen umso imponierender wirkt. Das Groteske als Mittel oder als angestrebte Wirkung ist in allen Künsten anzutreffen, in Skulptur und Malerei ebenso wie in Dichtung und Musik. Selbst in der Architektur findet man es, hier vor allem in Gestalt derjenigen Form, von der der Name abgeleitet ist, der Grotte, die schon in den Renaissancegärten ein wichtiges architektonisches Element war. Auch die Wasserspeier gotischer Dome sind zu nennen.

Die Spielarten des Grotesken sind viel breiter gefächert als die des Schönen. Während dieses immer einer Norm zustrebt, besteht das Groteske umgekehrt in der Normabweichung, wofür sich nahezu unbegrenzte Möglichkeiten bieten. Weshalb gerade in heutiger Zeit das Schöne nahezu vollständig aus der Kunst verschwunden ist, während sich das Groteske in ihr mit großer Vitalität tummelt, wird im Schlusskapitel gesondert betrachtet. Im Gegensatz zu den drei anderen Normen, die mit unterschiedlicher Abstufung ein Moment aktiver Zuwendung des Rezipienten enthalten, zieht das Groteske seine Wirkung vor allem aus einer Aversionsspannung, die aber trotzdem eine gewisse, wenngleich widerstrebende Appetenz voraussetzt. Deshalb ist es als Gegenpol oder Kontrast in Verbindung mit jedem der drei anderen anzutreffen.

## Das Pittoreske

Im Jahre 1692 tauchte in einer Abhandlung über Gärten aus der Feder des englischen Diplomaten und Schriftstellers Sir William Temple ein Wort auf, das danach bis fast ans Ende des 18. Jahrhunderts durch das englische Schrifttum zur Gartengestaltung geisterte: Sharawadgi. Es ist angeblich die Zusammenziehung des chinesischen Ausdrucks *sa-ro-kwai-chi*, der soviel bedeuten soll wie ›das, was durch Unregelmäßigkeit gefällt‹. Unter dem Titel *Über die Gärten des Epikur: oder, über Gartengestaltung im Jahr 1685* beschreibt Temple zunächst die strengen Regeln, nach denen in Europa Gärten angelegt werden. Dann fügt er hinzu, dass es auch einen ganz anderen Geschmack gäbe. So würden beispielsweise die Chinesen über Linien, die wie mit Zirkel und Lineal gezogen sind, nur milde lächeln, da jedes Kind so etwas könne. Von künstlerischer Einbildungskraft zeuge in ihren Augen erst die absichtsvolle Unregelmäßigkeit, die dem Betrachter immer neue Überraschungen bereite.

Was Temple eher beiläufig kommentiert, findet sich in anschaulicher Form wenige Jahre später in der Zeitschrift *The Tatler*, Nr. 161 (1710), obwohl das Wort Sharawadgi darin gar nicht erwähnt wird. Dort beschreibt Joseph Addison in einem Essay, wie er sich im Traum plötzlich in eine Gegend versetzt sah, die rundum von hohen Bergen eingeschlossen war. Es war eine Wildnis von üppiger Fruchtbarkeit, deren Schilderung sich wie eine Bilderbuchillustration des Sharawadgi liest und die zugleich etwas Paradiesisches hat. Auch den Namen der Göttin dieses Reichs erfährt er: sie heißt Liberty. Wenn das regellose Sharawadgi hier in einem absichtsvoll erzählten Traum als das ästhetische Äquivalent von Freiheit vorgestellt wird, dann verwundert es nicht, dass die freiheitsliebenden Engländer, die nach der Glorreichen Revolution von 1688 hundert Jahre vor der Französischen Revolution mit dem Aufbau der ersten modernen Bürgergesellschaft in Europa begonnen hatten, das Sharawadgi zu ihrem Geschmacksideal erkoren. Gegen Ende des 18. Jahrhunderts hatte es sich so sehr durchgesetzt, dass es nun auch einen englischen Namen bekam: *the picturesque*. Das Pittoreske ist bis heute die bevorzugte Geschmacksnorm der Engländer geblieben, was David Watkins Buch darüber, *The English Vision. The Picturesque in Architecture, Landscape and Garden Design* (1982), schon im Titel anzeigt.

Als ästhetische Kategorie war der Begriff des Pittoresken auch in Frankreich und Italien in Gebrauch, z. T. sogar früher als in England, ohne allerdings eine so entschiedende nationale Akzeptanz zu finden. Dennoch prägte das Pittoreske die bürgerliche Kunst auch hier in stärkerem Maße als das Schöne und das Erhabene. Seinen Triumph erlebte es im französischen Impressionismus, der wohl kaum zufällig zeitgleich mit der Dritten Republik aufkam.

# Die Subjektseite des Ästhetischen: Vier »Uraffekte«

Wenn das ästhetische Erlebnis seinem Wesen nach ein Lusterlebnis ist, wird man zuerst einmal klären müssen, wie Lustvorgänge psychologisch ablaufen. Im Vorangegangenen wurde bereits mehrfach der Affektbegriff erwähnt. Die beiden Affektmechanismen, die sich bei allen höher entwickelten Tieren beobachten lassen, sind zum einen das Appetenzverhalten, das sie zu Nahrungssuche und Vermehrung antreibt, und zum anderen das Aversionsverhalten, das sie dazu bringt, Schädliches zu vermeiden und vor Gefahren zu fliehen. Beide Mechanismen werden bei Mensch und Tier von Lust- und Unlustempfindungen begleitet, wobei nachlassende Unlust als Lust erlebt wird. Psychologisch lassen sich bei Lusterlebnissen deshalb zwei verschiedene Reaktionsabläufe beobachten. Die Aktivierung des Appetenzverhaltens wird von Erwartungslust begleitet, was zu einem Anstieg des Erregungspegels im Organismus führt. Physiologisch zeigt sich dies am deutlichsten in der Tumeszenzphase der sexuellen Erregung. Ist das angestrebte Ziel erreicht, geht die Erwartungslust in Befriedigungslust über, was physiologisch der Detumeszenzphase entspricht. Befriedigungslust tritt aber auch dann ein, wenn ein zur Abwehr aufgebautes Aversionspotential sich beim Verschwinden der Gefahr als überflüssig erweist, sodass es nun lustvoll abreagiert werden kann.

Man kann diese elementaren Abläufe mit den verschiedensten Begriffen beschreiben, doch das Grundmuster bleibt immer das gleiche. Beim Menschen wird damit aber nur ein Teil der möglichen Lusterlebnisse erfasst; denn außer dem Appetenz-Aversions-Schema gibt es bei ihm, wie bei allen in Gruppen lebenden höheren Tieren, noch zwei andere Strebungen: das Dominanz- und das Submissionsverhalten. Überall, wo höher entwickelte Lebewesen in Gruppen leben, bildet sich eine Rangordnung aus, die dadurch entsteht, dass starke Individuen durch erfolgreiches Dominanzverhalten hohen Status erringen, während schwächere durch ein Submissionsverhalten befähigt werden, sich mit der Unterordnung abzufinden. Auch erfolgreiche Dominanz wird von Lustempfindung begleitet, wie umgekehrt ein scheiternder Dominanzversuch Unlust hervorruft, die aber in Befriedigung oder zumindest Zufriedenheit übergeht, wenn der psychische Apparat vom erfolglosen Dominanzverhalten auf das nun erfolgreiche Submissionsverhalten umschaltet.

Legt man dieses Schema zu Grunde, so ist eine Zuordnung der zuvor betrachteten ästhetischen Erlebnisformen nicht schwer. Das Schöne ist der Appetenz, das Groteske der Aversion, das Erhabene der Submission und das Pittoreske der Dominanz zugeordnet. Bei den ersten drei Zuweisungen ist kaum Widerspruch zu erwarten, anders bei der vierten. Was hat Dominanz mit dem Pittoresken zu tun? Der Zusammenhang dürfte plausibler werden, wenn man sich klar macht, dass Dominanz im ästhetischen Bereich nicht gegenüber Gruppenmitgliedern, sondern gegenüber sinnlich wahrnehmbaren Objekten gezeigt wird. Das aber, was sich hier der Dominanz widersetzt, ist das noch nicht domestizierte, unzivilisierte Wilde. Wenn dieses aber als ein ungefährlicher Widerstand auftritt, also als etwas nur scheinbar Wildes, dann wandelt sich das Dominanzstreben in ästhetisches Vergnügen an eben dieser scheinbaren Wildheit.

Wenn das Anheben und Absenken des Erregungsniveaus die spezifisch ästhetische Begleiterscheinung von Wahrnehmungen ist und wenn die vier Grundstrebungen der Psyche die Richtungen anzeigen, in denen Spannungen aufgebaut und gelöst werden, liegt es nahe zu versuchen, den Gesamtbereich ästhetischer Reaktionen auf dieses Grundmodell zu beziehen. Die auf das Schöne gerichtete Appetenz erzeugt Erwartungslust und im Falle des Erreichens des Objekts Befriedigungslust. Wenn aber das Objekt einem Konkurrenten zufällt, wird dies Eifersucht auslösen. Die auf das Erhabene gerichtete Submission baut Angstspannung auf, die lustvoll bleibt, solange das Objekt nicht wirklich gefährlich ist. Erweist es sich aber als echte Gefahr, wird darauf mit Furcht reagiert. Der auf das Groteske gerichtete Aversionsaffekt baut Abwehrspannung auf, die lustvoll ist, solange das Abzuwehrende die Unlustschwelle nicht überschreitet. Tut es das, wird darauf mit Ekel reagiert. Im vierten und letzten Fall baut der auf das Pittoreske gerichtete Dominanzaffekt ebenfalls Spannung auf, die mit Lust an dessen scheinbarer Wildheit verbunden ist. Sobald sich diese aber als echte Wildheit erweist, wird die

Psyche darauf mit aggressiver Wut reagieren. Interessant an dieser systematischen Zuordnung ist, dass wir es dabei nicht nur mit den vier Uraffekten zu tun haben, sondern zugleich mit vier Warnschranken in Gestalt von Unlustgefühlen, und zwar genau jenen, die das Kind als erste Unlustgefühle lernt (in der Reihenfolge Wut, Ekel, Furcht und Eifersucht).

In schematischer Form lässt sich das bisher Gesagte folgendermaßen darstellen, wobei als dritte offensichtliche Korrespondenz noch die vier Ur-Verhaltensweisen höherer Tiere hinzugefügt werden, die sich aus dem Zusammenwirken von je zwei Affekten ergeben:

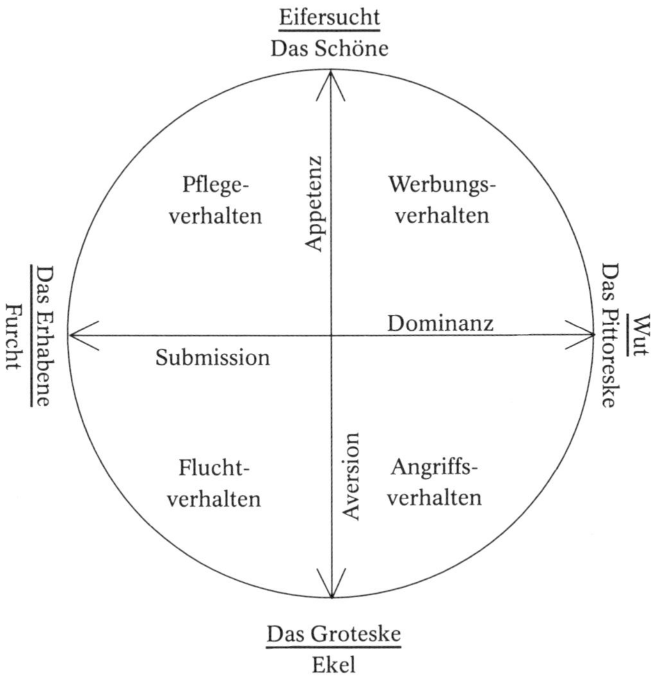


Gustav Kafka, der den Begriff der ›Uraffekte‹ prägte, nennt sie Ingestion, Rezession, Ejektion und Profusion und umschreibt sie anschaulich mit den Formeln *her mit dir zu mir*, *weg mit mir von dir*, *weg mit dir von mir* und *hin mit mir zu dir*.

# Die Objektseite des Ästhetischen

Wie muß ein Objekt beschaffen sein, damit es die zuvor betrachteten Affekte stimuliert? Die Erfahrung lehrt, dass ein und dasselbe Objekt auf verschiedene Personen sehr verschieden wirken, ja, dass es sogar ein und dieselbe Person zu verschiedenen Zeiten unterschiedlich affizieren kann. Andererseits gibt es Objekte und Eigenschaften, die mit großer Konstanz von nahezu allen Menschen ästhetisch geschätzt werden. Dieser Unterschied lässt sich sogar bei nahe verwandten Phänomenen beobachten. So gehen die Urteile über Nelken oft auseinander, während die Rose von allen Menschen für schön gehalten wird. Edle Pferde gelten bei allen als schön, Esel hingegen werden von einigen für hässlich gehalten, während sie bei anderen affektive Zuneigung auslösen, die allerdings nicht mit ihrer Schönheit begründet wird, sondern mit ihrer störrischen Individualität.

Während die Urteile über Tiere, Pflanzen und andere Naturgegenstände relativ hohe Konstanz aufweisen, auch wenn sie im Einzelnen unterschiedlich ausfallen, gibt es Bereiche, wo das, was gestern noch als schön galt, heute bereits für reizlos gehalten wird. Das ist besonders in der Mode der Fall. Daraus lässt sich schließen, dass es, wenn überhaupt, nur wenige Eigenschaften eines Objekts gibt, die erwarten lassen, dass dieses dauerhaft für schön gehalten wird. Deshalb dürfte es wenig Erfolg versprechen, wenn man versuchte, einen Katalog objektiver Schönheitsmerkmale aufzustellen. Um aber trotzdem das, worauf das ästhetische Urteil sich auf der Objektseite gründet, etwas präziser einzugrenzen, sollen erst einmal größere Klassen gesucht werden, denen die Auslöser der ästhetischen Reaktion zuzuordnen sind. Wie es scheint, reichen vier solcher Klassen aus, um alle Möglichkeiten zu berücksichtigen: das Anziehende, das Beeindruckende, das Abstoßende und das Interessante. Es wird dem Leser nicht schwer fallen, die vier Begriffe dem oben skizzierten Viererschema der Affekte zuzuordnen. Das Schöne zieht an, das Erhabene beeindruckt, das Groteske stößt ab und das

Pittoreske weckt Interesse. Damit scheint jede der vier ästhetischen Grundkategorien ein Wertmaß für eine bestimmte objektive Funktion zu sein.

## Das Anziehende

Die meisten ästhetischen Signale in der Natur dienen der Anziehung und Abschreckung. Die anziehenden Signale gelten in erster Linie dem Sexualpartner, z. B. das prächtige Rad des Pfaus, die bunten Farben des Stichlings in der Paarungszeit, das Geweih des Hirschs, die Balztänze des Auerhahns und vieles andere, was die Natur zum Zweck der Arterhaltung hervorgebracht hat. Auch beim Menschen gibt es solche Signale, die noch dazu permanent wirksam sind, da sie an keine Brunstzeit gebunden sind. Schon die entfernte Wahrnehmung eines Körpers, bei dem die Hüften runder und deutlich breiter als die Taille sind, reicht für den Mann aus, seine Aufmerksamkeit auf eine Frau zu lenken. Umgekehrt wirkt auf Frauen in gleicher Weise die durch breite Schultern und schmale Hüften markierte V-Form des Mannes. Dies scheint für alle Menschen zu gelten, während bei anderen Signalen große Unterschiede zu beobachten sind. So wurden und werden in vielen Kulturen dicke Frauen als besonders anziehend empfunden, während in der gegenwärtigen Kultur des Westens schlanke bevorzugt werden. Konstant ist dabei allerdings die Bedeutung von Brust und Hüften, die für das Gebären und Aufziehen von Kindern besonders wichtig sind. Dies Wahrnehmungsmuster ist evolutionsbiologisch leicht zu erklären. Auch die schmale Taille lässt sich so deuten; denn sie zeigt dem Mann an, dass die Frau nicht schwanger ist. Wäre sie es, würde sich der Werbungsaufwand im Interesse seiner Gene nicht lohnen.

Hier stellt sich erneut die Frage, ob bestimmte Formen in der Evolution zu Attraktoren wurden, weil sie einen Vorteil im Wettbewerb der Gene signalisieren, oder ob sie in diesem Wettbewerb erfolgreich eingesetzt wurden, weil ihre Wahrnehmung grundsätzlich anziehend wirkt. Da der Mensch auch auf viele Sexualsignale der Tiere ästhetisch positiv reagiert, liegt die Vermutung nahe, dass es bestimmte Reize gibt, die sich in besonderem Maße eignen, im Gehirn einen Appetenzaffekt auszulösen. Allerdings handelt es sich auch bei den tierischen Signalen meist um Merkmale, die eng mit der Gesundheit und Vitalkraft ihrer Träger korrelieren, so dass man abermals fragen muss, was Ursache und was Wirkung ist. Wird das Rad des Pfaus für schön gehalten, weil es seine Vitalkraft signalisiert, oder hat es sich entwickelt, weil sich seine ästhetische Wirkung als Evolutionsvorteil erwies? Für das letztere spricht, dass die meisten ästhetischen Signale in jeder anderen Hinsicht eher hinderlich sind. Beim irischen Riesenhirsch wuchs sich das Signal sogar zu einem Geweih von über zwei Meter Spannweite aus, sodass er, wie Forscher vermuten, durch diese Last im moorigen Irland zum Aussterben verdammt war.

Wie wirken nun solche Attraktionssignale? Zuerst einmal machen sie durch *Intensität* auf sich aufmerksam. Mit leuchtenden Farben locken Blüten den Bestäuber und manche Früchte den Samentransporteur an. Bei Tieren und Menschen kommt zur auffälligen Intensität noch ein weiteres Kriterium hinzu, das die höhere Attraktivität des einen Signals gegenüber dem anderen bedingt. Weshalb ziehen wir bestimmte Gesichtszüge und Körperformen anderen vor? An früherer Stelle wurde bereits das Kriterium der leichten Erkennbarkeit genannt. Auch sie kann ein Signal dafür sein, dass das Objekt der Norm sehr nahe kommt, also biologisch normal und damit gesund ist. Doch werden auch solche Formen, die keinen Vorteil bedeuten, als anziehend empfunden, wenn sie wegen ihrer klaren Ordnung leicht erkennbar sind.

Daneben gibt es noch Signale, die auf eher zufällige soziale Gegebenheiten zurückgehen. So wurde noch im 19. Jahrhundert, als die Masse der Unterschicht auf freiem Felde arbeiten musste, weiße Haut besonders geschätzt. Heute ist sie ein Signal dafür, dass ihr Träger ein armer Lohnsklave ist, der sich keine Freizeit in der Sonne leisten kann, während umgekehrt die braune Haut das Statussymbol für sportliche Freizeit und Müßiggang ist. Allerdings könnte die Hautkrebsgefahr dies bald wieder umkehren. Im Verkehr zwischen den Geschlechtern erhöhen solche Signale natürlich die Attraktivität, da sie den Status des Partners heben. Ähnlich durchsichtig ist der Zusammenhang zwischen ästhetischer Wirkung und Vorteilhaftigkeit bei Werten wie Sauberkeit, Gepflegtheit und Unberührtheit. Alles dies sind positive Signale, die dem Rezipienten sagen, dass z. B. ein Nahrungsmittel nicht gesundheitsschädlich, ein Partner für die Zeugung gesunder Nachkommen geeignet oder ein Territorium noch nicht besetzt ist. Letzteres gilt mit Bezug auf den weiblichen Sexualpartner auch für das Fortpflanzungsterritorium der Gene.

Zusammenfassend lässt sich sagen, dass die Attraktionsfaktoren eines Objekts entweder einen unmittelbaren Wettbewerbsvorteil im Kampf ums Überleben signalisieren oder mittelbar als Wettbewerbsvorteile eingesetzt werden, weil sie durch ihre Auffälligkeit oder leichte Erkennbarkeit anziehend wirken.

## Das Beeindruckende

Wenn das Auffällige über ein bestimmtes Maß hinausgeht, wird sich in das Angezogenwerden ein Gefühl von ängstlicher Scheu mischen. In diesem Fall verwandelt sich das Anziehende in das Beeindrukkende. Menschen – und offensichtlich auch Tiere – lieben den Kitzel der Angst, solange damit keine echte Gefahr verbunden ist. Das sturmgepeitschte Meer, zackige Berggipfel, ein Vulkanausbruch oder die Stille mitten in der Wüste rufen solche positiven Gefühle des Beeindrucktseins hervor. Nicht Normerfüllung, sondern die Abwesenheit einer erkennbaren Norm erregen hier den Wahrnehmenden. Das beeindruckende Objekt ist so überwältigend, dass die Wahrnehmung jede Norm sprengt. Die Lust daran besteht deshalb in der zwischen Furcht und Erwartung verharrenden Anspannung, die als ein Gefühl der Erhebung erlebt wird. Der evolutionäre Vorteil, der daraus resultiert, ist das Training hoher Aufmerksamkeit gegenüber allem noch Unbegriffenen und die Fähigkeit, sich ohne Frustration, sondern im Gegenteil mit lustvoller Befriedigung einer mit eindrucksvollen Dominanz- und Imponiersignalen ausgestatteten Autorität zu unterwerfen.

## Das Abstoßende

Hierzu gehört alles, was im Wahrnehmenden eine spontane Ablehnung aufkommen lässt, also das Hässliche, Ekelhafte, Grelle, Rohe, Gemeine und Böse. Wenn aber der Wahrnehmende die Gewissheit hat, dass das Wahrgenommene ihm nicht zu nahe kommt, kann auch diese Erregung als ästhetische Lust erlebt werden. Formal sind abstoßende Objekte dadurch charakterisiert, dass sie in die normativ erwarteten Formen des Bewusstseins nicht nur nicht passen, sondern diese geradezu verletzen. Doch eben das macht ihren Reiz aus. Nur ist es nicht der Reiz der Erhebung, sondern der der Erregung; und wie sich in die Erhebung ein latentes Gefühl der Furcht mischt, so in die Erregung ein latentes Gefühl der Abwehr und Aggression. Auch hier lässt sich der evolutionäre Vorteil des Interesses am Abstoßenden als ein Training der Wachsamkeit gegenüber allem Gesundheitsschädlichen verstehen; denn am abstoßendsten werden allgemein Kot, Fäulnis, Eiter und Ähnliches empfunden, Dinge also, die der Gesundheit abträglich sind.

## Das Interessante

Wenn etwas weder einer erwarteten Norm entspricht noch diese absichtsvoll verletzt, sondern nur durch Unregelmäßigkeit vom Erwarteten abweicht, weckt es neugieriges Interesse, das leicht in Anziehung übergeht, wenn von ihm keine Bedrohung ausgeht, sondern man sich ihm überlegen fühlt und es zu erobern trachtet. Das war z.B. die beabsichtigte Wirkung von Schönheitspflästerchen; und manchmal tut es auch ein schiefer Zahn, dem man vorher gram war. Sieht man von der Geschlechterbeziehung, der Nahrungsaufnahme und dem Gütererwerb ab, so richtet sich die Wahrnehmung in allen übrigen Bereichen eher auf das Interessante als auf das Anziehende, das im Gegensatz zu Ersterem zur Norm tendiert. Auch das Training der Neugier lässt sich als Vorteil im evolutionären Wettbewerb verstehen, weshalb es wie die drei anderen Reize von Wahrnehmungslust begleitet wird.

Da das Wachwerden von Interesse am Anfang jeder Wahrnehmung steht, ist das Interessante die primäre Qualität, aus der erst durch weiter hinzukommende Wahrnehmungsmomente das Anziehende, Beeindruckende oder Abstoßende wird. Insofern ist anzunehmen, dass es das breiteste und vom Individuum am wenigsten abhängige Formspektrum unfasst, aus dem die drei anderen Qualitäten durch eine möglicherweise schon individuell geprägte Konditionierung herausgefiltert werden.

# Ein informationstheoretisches Modell

Wenn der ästhetische Reiz eines Gegenstands etwas mit dem Verhältnis von Vielfalt und Einheit zu tun hat, dann liegt es nahe, dies als Quotienten auszudrücken, zum Beispiel so:

$$\text{Ästhetischer Reiz} = \frac{\text{Vielfalt}}{\text{Einheit}}$$

Nach dieser Formel steigt der Reiz mit zunehmender Vielfalt, was durch die Erfahrung bestätigt wird; denn wenn in einer durchgeformten Einheit viele unterschiedliche Elemente Platz finden, wird das Ganze als interessant und zugleich befriedigend empfunden. Das Gleiche müsste aber auch eintreten, wenn bei konstanter Vielfalt die Einheit abnimmt. Dem jedoch widerspricht die Erfahrung; denn ein solches Objekt wird nicht als ästhetisch befriedigend, sondern als ungeordnet und chaotisch empfunden.

Das gleiche Problem ergibt sich, wenn man die Formel umkehrt:

$$\text{Ästhetischer Reiz} = \frac{\text{Einheit}}{\text{Vielfalt}}$$

Hier steigt der Reiz mit zunehmender Einheit, was der allgemeinen Erfahrung entspricht. Er müsste aber auch steigen, wenn die Vielfalt abnimmt. Das jedoch kann nicht richtig sein; denn bei Unterschreiten eines Mindestmaßes an Vielfalt wird ein Objekt als langweilig empfunden.

Trotz dieses offensichtlichen Widersinns hat der amerikanische Mathematiker G. D. Birkhoff, der als erster ein quantifizierbares Maß für den ästhetischen Wert von Wahrnehmungen zu definieren versuchte, exakt diese Formel vorgeschlagen, wobei er nur andere Begriffe verwendete. Statt von Einheit und Vielfalt sprach er von Ordnung und Komplexität. Seine Formel für das ästhetische Maß M lautet

$$M = \frac{O}{C}$$

Die erste Schwierigkeit seines Ansatzes besteht – mehr noch als bei den Begriffen Einheit und Vielheit – darin, dass sich weder Ordnung noch Komplexität quantifizieren lassen. Nur in extrem vereinfachten Modellen mit standardisierten geometrischen Figuren lässt sich Komplexität durch die Anzahl der Elemente oder Substrukturen ausdrücken. Der Knackpunkt der Formel liegt aber darin, dass, wie oben gezeigt wurde, nach ihr auch ein extrem komplexitätsarmes, also sehr langweiliges Objekt großen ästhetischen Reiz haben müsste. Obwohl Birkhoff und nach ihm andere die Formel weiter präzisierten, konnten sie diesen fundamentalen Mangel nicht beheben.

Erst die Informationstheorie, die der Amerikaner C. E. Shannon während des Zweiten Weltkriegs zur mathematischen Berechnung von Informationsverlusten bei der Nachrichtenübermittlung entwickelte, machte es möglich, den Birkhoffschen Ansatz in ein schlüssigeres Kalkül umzuformen. Die Informationstheorie geht davon aus, dass eine Nachricht aus einer bestimmten Anzahl von Zeichen besteht, für deren aufeinander folgendes Auftreten es unterschiedliche Wahrscheinlichkeiten gibt. Würden die Zeichen ausgewürfelt, wäre die Wahrscheinlichkeit für alle gleich. Sobald aber die Zeichen einer bestimmten Ordnung unterliegen, lässt sich das Eintreten jedes nächstfolgenden mit einer größeren als der Zufallswahrscheinlichkeit vorhersagen. In der Thermodynamik nennt man das Maß für die Ungewissheit der Einzelzustände eines Systems *Entropie*. Deshalb verwendet die Informationstheorie diesen Begriff auch für die Information; denn diese besteht im Neuigkeitswert eines Textes, d.h. in der Ungewissheit, mit der das nächstfolgende Zeichen vorhergesagt werden kann. Da es sich dabei um zählbare Ja-Nein-Entscheidungen handelt, wird diese Entropie als Logarithmus zur Basis 2 gemessen.

Wahrscheinlichkeit ist die Zahl der günstigen, d.h. zu erwartenden Fälle bezogen auf die Zahl der möglichen. Wenn alle möglichen Fälle vorausgesagt werden können, ergibt dieses Verhältnis den Quotienten Eins mit dem Logarithmus Null. Das Gegenteil davon ist absolute Ungewissheit, bei der für jeden Einzelfall die Wahrscheinlichkeit für Ja oder Nein gleich groß ist. Hier wird man folglich im Schnitt nur die Hälfte der Fälle richtig vorhersagen. Es handelt sich demnach um eine Wahrscheinlichkeit 0,5 mit dem Logarithmus –1. Berücksichtigt man, dass der Entropieformel ein negatives Vorzeichen gegeben wurde, wird daraus der Wert 1. Dass die Entropie und damit Information zunimmt, wenn die Ordnung abnimmt, ist für den Laien zunächst irritierend; denn es bedeutet, dass ein zufällig zusammengewürfelter Text mehr Information enthält als ein wohlgeordneter. Umgekehrt enthält ein wohlgeordneter viel Redundanz. Redundanz liegt vor, wenn man aus einem Text etwas entfernen kann, ohne dass sein Informationsgehalt beeinträchtigt wird. So enthält ein Telegramm bei gleicher Buchstabenzahl mehr Information als ein Satz aus einem Brief. Aus einem Gedicht könnte man z. B. die zweite Silbe jedes Reimpaars entfernen und man würde trotzdem alles verstehen, da man den Reim meist erraten kann. Folglich hat ein gereimtes Gedicht mehr Redundanz und weniger Information als ein Prosatext. Umgekehrt hat die Buchstabenfolge qwertzuiopü für jemanden, der sie für eine nach dem Zufallsprinzip ausgewürfelte Folge hält, die höchstmögliche Entropie, nämlich eins. Wäre sie eine Geheimbotschaft, müsste ihr Überbringer jeden Buchstaben sorgfältig in der richtigen Reihenfolge auswendig lernen. Würde er dabei auch nur einen einzigen vergessen, wäre die Botschaft möglicherweise wertlos. Wer nun aber die Tastatur seiner Schreibmaschine oder seines Computers im Kopf hat und weiß, dass es sich hier um die zweite Tastenreihe von oben handelt, wird schon nach der Nennung der ersten drei oder vier Buchstaben die übrigen erraten. Für ihn sind demnach die einzelnen Elemente der Botschaft redundant. Er braucht sich nur zu merken: die Tastenreihe, die mit *Q* anfängt. Damit hat der Text die Entropie Null. Versucht man nun, Birkhoffs Formel informationstheoretisch zu fassen, so müsste man Ordnung als Redundanz und Komplexität als Information ansehen. Damit träte aber wieder das gleiche Problem auf. Ein hohes Maß an Redundanz bei geringer Information müsste dann einen hohen ästhetischen Wert ergeben, tatsächlich aber ergibt es Monotonie und Langeweile.

Der Erste, der sich intensiv mit der Anwendung der Informationstheorie auf die Ästhetik beschäftigte, war Max Bense. Auf der Basis seiner Überlegungen gab Rul Gunzenhäuser der Birkhoffschen Formel eine neue Form, die das Problem schlagartig löste und damit die Plausibilität des Grundgedankens deutlich erhöhte. Auch Gunzenhäuser geht davon aus, dass die Gesamtkomplexität eines wahrgenommenen Gegenstands als Nenner in der Formel stehen muss. Doch in den Zähler setzt er statt der quantifizierten Ordnung die Differenz aus der Anfangskomplexität und jener Restkomplexität, die zurückbleibt, nachdem die Ordnung im Gegenstand erkannt wurde. Die Formel sieht dann so aus:

$$M = \frac{C(\text{Anfang}) - C(\text{Rest})}{C(\text{Anfang})}$$

Gunzenhäuser nennt die Differenz im Zähler »subjektive Redundanz«; denn informationstheoretisch beschreibt sie eine Informationsentnahme und damit Informationsverminderung, also Redundanz. Doch diese Redundanz kommt erst dadurch zustande, dass ein erkennendes Subjekt die Anfangskomplexität auf die Restkomplexität reduziert.

Die Restkomplexität wird umso niedriger sein, je vollständiger der Gegenstand durchgeformt, d. h. je geordneter er ist. Das bedeutet, dass der Zähler und damit der ästhetische Gesamtwert umso größer wird, je mehr Ordnung sich aus dem Gegenstand herauslesen lässt. Damit ist in der Formel das vereint, was der englische Philosoph Hutcheson schon 1725 intuitiv erfasst hatte, als er die auf Seite 27 zitierte Anweisung zur Quantifizierung von Schönheit gab. Übersetzt man seine Formel in die Sprache der Informationstheorie, so lautet sie jetzt: Hält man die Restkomplexität (= Ordnung) konstant, wächst der ästhetische Wert mit der Anfangskomplexität; hält man die Anfangskomplexität konstant, wächst er mit der Verminderung der Restkomplexität, d. h. durch Erhöhung der Ordnung. Das würde auf plausible Weise erklären, weshalb sowohl etwas Hochkomplexes wie James Joyces *Ulysses* als auch etwas Einfaches und vollständig Durchgeformtes wie Mozarts *Kleine Nachtmusik* ästhetisch befriedigen können.

Aus informationstheoretischer Sicht beschreibt die Formel die Informationsentnahme aus einem informationshaltigen System, wobei Information nicht auf semantische Nachrichten beschränkt ist; denn auch Musik und ein abstraktes Bild enthalten in diesem Sinne Information, da sie ›in-formiert‹, d. h. in sich geformt sind. Je komplexer der Gegenstand ist, umso mehr Information enthält er. Doch entscheidend ist, wieviel Information durch das Erkennen der enkodierten Ordnung daraus entnommen werden kann. Es lässt sich leicht denken, dass ein wenig komplexes System bei vollständig durchschauter Ordnung mehr Informationsgewinn abwirft als ein hoch komplexes, dessen Ordnung nicht erkannt wird. Nun geht es im vorliegenden Buch aber nicht um die mathematische Quantifizierung des Ästhetischen, sondern um das psychologische Verstehen seiner Wahrnehmung. Auch dafür liefert Gunzenhäusers Formel ein anschauliches Modell; denn sie beschreibt den Vorgang als Komplexitätsverminderung und damit als Entlastung des Gehirns. Man könnte die Formel auch so schreiben:

$$M = 1 - \frac{\text{Restkomplexität}}{\text{Anfangskomplexität}}$$

Der technisch versierte Leser wird darin die Formel für den Wirkungsgrad von Wärmekraftmaschinen erkennen, die angibt, wie sich Leistungsabgabe zur Leistungsaufnahme verhält. Genauso beschreibt Gunzenhäusers Formel die ästhetisch wirksame Informationsabgabe eines Systems bezogen auf die aufgewendete Gesamtinformation. Sie gibt also den ästhetischen »Wirkungsgrad« an.[3]

Die Vorstellung, dass man den Wirkungsgrad eines Kunstwerks wie den eines Stromgenerators berechnen könne, wird vielen Kunstliebhabern Unbehagen bereiten. Dennoch ist sie dem Ästhetischen angemessener als die weit verbreitete Praxis, Kunst nach ihrem Gehalt zu beurteilen. Es gibt zahlreiche Werke von anspruchsvollem Gehalt, die diesen nicht zur Wirkung bringen und darum mit Recht vergessen sind. Umgekehrt gibt es Werke von bescheidenerem Gehalt, von denen eine starke Wirkung ausgeht. Wie später noch ausführlicher dargelegt werden soll, vermittelt die Kunst eben nicht – wie Philosophie und Wissenschaft – Wahrheiten, die durch das binäre Prinzip von wahr/unwahr definiert werden, sie ruft vielmehr eine stufenlos gradierbare Wirkung hervor, deren Intensität das Maß ihrer Qualität ist.

3 Die hier angestellten Überlegungen hat der Verfasser in anderer Form bereits im Schlusskapitel von *Wie interpretiert man ein Gedicht?* (1990) unter dem Titel »Über den Grund des Vergnügens beim Lesen eines Gedichts« dargelegt.

# Ein neurologisches Modell

Neurologen lokalisieren die affektgesteuerten Lustvorgänge in dem schon früher erwähnten limbischen System, das zwischen dem entwicklungsgeschichtlich alten Stammhirn und dem jungen Großhirn liegt und vor allem das Zusammenspiel von Thalamus und Hypothalamus regelt. Damit leistete es auf einer früheren Entwicklungsstufe das, was später die Großhirnrinde, der Kortex, übernahm. Schon in den 20er Jahren haben W. B. Cannon und P. Bard ein Modell entwickelt, das das komplexe Zusammenwirken des limbischen mit dem kortikalen System erklärt. Grob vereinfacht sagt das Modell, dass Sinneswahrnehmungen auf Thalamus und Hypothalamus einwirken und je nach Bedarf das sympathische oder parasympathische Nervensystem stimulieren. Über den Bedarf entscheidet dabei die kognitive Großhirnrinde, es sei denn, die Situation erfordert ein blitzschnelles reflexhaftes Handeln.

Der Verfasser will hier nicht auf dem Felde der Neurologie dilettieren. Deshalb sei ausdrücklich betont, dass es ihm nicht um eine wissenschaftlich exakte Erklärung, sondern um ein heuristisches Modell geht, das die vorangegangenen Überlegungen veranschaulichen soll. Zu diesem Zweck genügt es zu wissen, dass in höher entwickelten Lebewesen und ganz besonders im Menschen die phylogenetisch sehr alten Lust- und Unlustaffekte kognitiv gesteuert werden. So reagiert das limbische System auf ein Bedrohungssignal mit Unlust, setzt darauf einen vom Sympathikus gesteuerten Flucht- oder Abwehraffekt in Gang und quittiert im Falle der erfolgreichen Abwehr dies mit einem Lustgefühl. Wenn aber zwischen *stimulus* und vegetativem *response* der Prozessor der Großhirnrinde interveniert, sind sehr viel komplexere Abläufe möglich. Dann kann beispielsweise die vom Sympathikus aufgebaute Spannung auf eine kognitiv-symbolische Weise gelöst werden. So ist etwa der Anblick des mit der Schlange ringenden Laokoon für das limbische System ein Signal der Bedrohung, das den Adrenalinspiegel hochtreibt. Die grauen Zellen des Kortex erkennen aber, dass es sich um ein in Marmor gehauenes Kunstwerk handelt, welches völlig ungefährlich ist. Der Betreffende könnte sich jetzt wie ein instinktgesteuertes Tier verhalten und das Verschwinden der Gefahr einfach mit lustvoller Erleichterung quittieren. Als gebildeter Mensch aber hat er die Möglichkeit, das Lustpotential beträchtlich zu vergrößern, indem er symbolisch auf die Bedrohung eingeht und die Reizspannung des Sympathikus in der kognitiven Sphäre abbaut. Das geschieht dadurch, dass sein kortikaler Prozessor eine komplexe Dateneingabe auf einfache Strukturen reduziert. Die dadurch frei werdende psychische Energie erlebt er als ästhetische Lust. Er wird also – um beim Laokoon zu bleiben – erst einmal einen Schauer des Erhabenen verspüren und danach Schritt für Schritt das kunstvolle Gleichgewicht der Komposition durchschauen, bis sich die Anfangsspannung in einem Gefühl ästhetischer Befriedigung auflöst.

In der Chemie gibt es amorphe Flüssigkeiten, die man durch bloßes Klopfen an das Reagenzröhrchen dazu bringen kann, spontan zu kristallisieren, worauf das Röhrchen heiß wird, weil die im amorphen Zustand hin und her schwingenden Moleküle plötzlich eine feste Position im Kristallgitter einnehmen, so dass ein großer Teil ihrer Energie frei wird und sich als Wärme entlädt. Könnte man sich nicht auch das Überschüssigwerden psychischer Energie beim Reduzieren einer komplexen Wahrnehmung auf eine einfache Struktur als ein solches Heißwerden vorstellen, das wir als Lust erleben? Manche Computerfachleute trauen sogar ihrem Rechner zu, dass er Lust empfindet, wenn er einen ungeordneten Datenwust nach Milliarden von Rechenschritten in eine vergleichsweise einfache Ordnung gebracht hat. Für einen Behaviouristen dürfte diese Vorstellung gar kein Problem sein. Man stelle sich eine *black box*, sprich einen Computer, vor, auf den permanent Daten einströmen und der sich gemäß seinem Programm dieser Daten so erwehren soll, dass er sie in einfachster Ordnung abspeichert, dass er Gleiches wiederkennt und dass er bestrebt ist, seinen Speicher ökonomisch zu füllen und unnötige Schritte zu vermeiden. Dem behaviouristischen Beobachter muss eine solche Maschine wie ein Individuum erscheinen, das mit seinem Datenhunger ein Appetenzverhalten an den Tag legt, das auf seine Außenwelt rational reagiert und sogar eine gewisse Faulheit beweist. Der nichtbehaviouristische, introspektive Beobachter könnte darüber hinaus vermuten, dass die Maschine immer dann, wenn sie ihr Ziel erreicht hat, ein Gefühl der Zufriedenheit empfindet.

Was aber ist das, was der Prozessor des Großhirns so verarbeitet, dass dabei weder kognitive Erkenntnis noch sittliche Veredelung, sondern ästhetische Lust freigesetzt wird? Eine Antwort auf diese Frage kann nur dann befriedigen, wenn sie auch auf Musik, Malerei und alle anderen Künste zutrifft. Legt man das chemische Gleichnis zugrunde, dann findet hier wie dort eine Entropieverminderung statt. Die amorphe Flüssigkeit, deren Moleküle sich in einer ungeordneten Zufallsverteilung durcheinander bewegen, haben innerhalb ihres Systems die höchste Entropie erreicht. Wenn sie nun durch das Klopfen an das Röhrchen in einen kristallinen Zustand versetzt werden, treten sie in einen hochgradig geordneten Zustand ein, der den Aufenthaltsort einzelner Moleküle mit weit höherer Wahrscheinlichkeit als der Zufallsverteilung vorhersagbar macht.

Die Differenz der beiden Ordnungsniveaus entspricht dem oben erwähnten Informationsintervall, das die Möglichkeit zur subjektiven Redundanz, d. h. zur Informationsentnahme bietet. Die dadurch bewirkte Entlastung des Prozessors wird subjektiv als Lustgefühl empfunden. Die Wahrnehmung leicht durchschaubarer Ordnungen schafft die Hirnrinde ohne großes Training, während für das Reduzieren komplexer Oberflächen auf ihre Tiefenstruktur viel Übung erforderlich ist. In beiden Fällen wäre nach diesem Modell das Maß für die ästhetische Wirkung die Anzahl der Ja-Nein-Entscheidungen beim kognitiven Absenken der Wahrnehmungsspannung. Psychologen haben herausgefunden, dass es für die Geschwindigkeit dieses Absenkens ein Optimum gibt, das etwa bei 16 bit liegt, also bei 16 Ja-Nein-Entscheidungen pro Sekunde. Wird dem Großhirn mehr abverlangt, fühlt es sich überfordert und gerät unter Stress, wird ihm weniger abverlangt, fängt es an, sich zu langweilen.

# Bestimmungsmerkmale der Kunst

Was bisher ausgeführt wurde, bezog sich auf alle Phänomene, von denen ästhetische Wirkung ausgeht. Von Kunst war dabei nur beiläufig die Rede. Da deren Bestimmung aber im Zentrum unseres Buches steht, stellt sich nun die Frage, welchen Platz sie in der Welt des Ästhetischen einnimmt. Um ihr Wesen näher zu beschreiben, muss sie zuerst einmal von allen übrigen ästhetischen Gegenständen abgegrenzt werden. Der besseren Übersicht wegen wollen wir mit einer schematischen Klassifizierung beginnen:

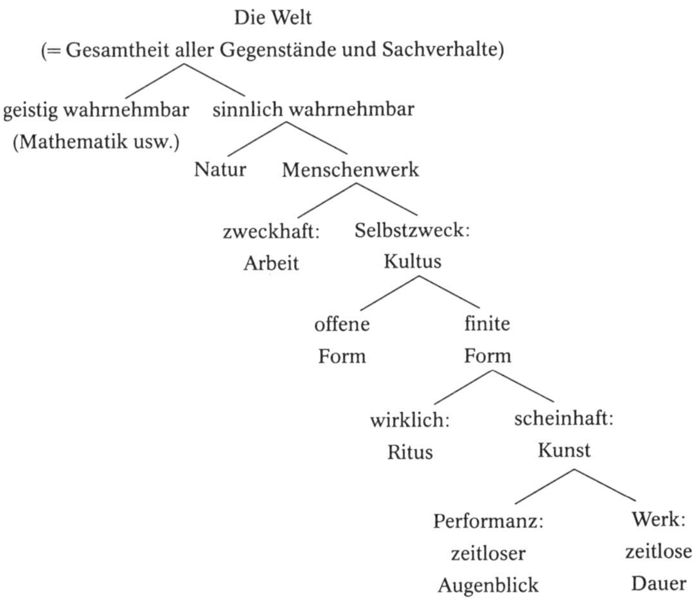


Nach diesem Schema lässt sich das Phänomen Kunst in fünf Schritten eingrenzen, woraus sich fünf Bestimmungsmerkmale ergeben, die nun gesondert betrachtet werden sollen.

## Werkcharakter

Dass Kunst zur Klasse der sinnlich wahrnehmbaren Gegenstände gehört, bedarf keiner weiteren Begründung. In dieser Klasse befinden sich aber auch alle Gegenstände der Natur, von denen sich Kunst dadurch abhebt, dass sie grundsätzlich von Menschen gemacht ist. Der Werkcharakter ist damit das erste Bestimmungsmerkmal, doch teilt die Kunst ihn mit allen anderen Erzeugnissen menschlicher Arbeit. Dennoch trägt er in gewisser Weise zur Wirkung des Kunstwerks bei; schließlich kommt das Wort Kunst von ›können‹, und Bewunderung für Können ist eng mit dem Kunstgenuss verbunden. Doch ist diese Bewunderung nicht unbedingt ästhetisch begründet. Wenn sie der bloßen Leistung gilt, hat sie eher etwas mit ethischer Praxis zu tun. Die Kunstkritik trägt dem seit langem Rechnung, indem sie zwischen Kunst und bloßem Können einen deutlichen Unterschied macht. Ein Geiger, der Pablo de Sarasates virtuose *Zigeunerweisen* mit Bravour herunterfiedelt, wird seine Zuhörer vermutlich zu Begeisterung hinreißen; doch die Kenner wissen, dass eine technisch einfacher zu spielende Sonate von Mozart an den Interpreten höhere künstlerische Anforderungen stellt. Auch ein virtuos gemaltes Miniaturbildnis von Pfenniggröße erfordert rein technisch mehr Können als eines der Selbstporträts von van Gogh. Dennoch ist letzteres als Kunstwerk bedeutender. Im übrigen wird Können auch in jedem anderen Erzeugnis menschlicher Arbeit bewundert. Das macht eine weitere Eingrenzung erforderlich.

## Selbstzweck

Der weitaus größte Teil aller von Menschen hervorgebrachten Gegenstände und Handlungen dient einem Zweck. Es sind Nahrungsmittel, Kleidungsstücke, Gebrauchsgegenstände und Dienstleistungen, also Erzeugnisse, die sich in der Erfüllung ihres Zwecks erschöpfen, was schon daran abzulesen ist, dass sie dabei verbraucht werden. Selbst langlebige Gegenstände wie Häuser sind irgendwann verbraucht, während eine Dienstleistung wie etwa ein Haarschnitt oder eine Massage schon mit dem letzten Handgriff verschwunden ist und nur in ihren Wirkungen weiterexistiert. Das Gesagte trifft auch auf sehr komplexe Tätigkeiten wie beispielsweise die eines wissenschaftlichen Forschers zu. Mag die Befriedigung, die er aus seinem aktuellen Tun zieht, noch so groß sein, zuletzt geht es ihm doch um das Ergebnis; und selbst die genialste Anordnung eines Experiments geht in ein Resultat über und hebt sich in diesem auf.

Neben dieser zweckorientierten Arbeitswelt gibt es aber noch eine zweite Sphäre, in der alles Handeln und alle Objekte nur für sich selber da sind. Es ist die Sphäre des Kultus, der Rituale und Spiele. Gegenstände, die keinen Zweck erfüllen, unterliegen auch nicht dem dadurch bedingten Verbrauch, wenngleich sie auf andere Weise abgenutzt werden können. So wird eine Puppe mit der Zeit zwar immer unansehnlicher, und irgendwann wird sie gänzlich zerfallen, doch dieser Verbrauch ist etwas anderes als die Abnutzung eines Hammers, dessen abnehmender Gebrauchswert in den erzielten Nutzen übergeht; denn der Gebrauchswert der Puppe bleibt an das Objekt gebunden, so dass das spielende Kind an dessen Erhaltung interessiert ist und es noch als Erwachsener aufbewahrt. Hier versagt jede Kosten-Nutzen-Rechnung, die nachweist, dass die Abnutzung des Objekts durch den bewirkten Nutzen mehr als aufgewogen wird. Auch die Spielhandlungen, die das Kind mit der Puppe vornimmt, gehen nicht wie Dienstleistungen in ein Resultat ein, sondern erschöpfen sich in sich selber. Sogar ein zielorientiertes Spiel wie beispielsweise ein Fußballmatch löst sich nicht in seinem Ergebnis auf; sonst würden die Fußballanhänger sich mit dessen Mitteilung in der Zeitung begnügen. Für sie ist aber das Entscheidende der Verlauf des Spiels, den sie aktuell verfolgen wollen.

Was über Spiele im üblichen Sinn gesagt wurde, gilt auch für alle kultischen Rituale. Sie stellen gewissermaßen religiöse Spiele dar. Wie eng Kultus und Spiel zusammenhängen, zeigt sich deutlich im alten Griechenland, wo in den Olympischen Spielen und den Dionysien Ritus und Wettspiel eng miteinander verbunden waren. Somit lässt sich sagen, dass die Gesamtheit aller menschlichen Aktivitäten in zwei Klassen zerfällt: in Arbeit, die auf Zwecke außerhalb ihrer selbst gerichtet ist, und in Kultus, der seinen Zweck in sich selber hat, wobei Kunst nach allgemeinem Konsens ausschließlich letzterem zugerechnet wird. Zwar gibt es kunsthandwerkliche Gegenstände, die für einen bestimmten Zweck hergestellt werden, doch das, was an ihnen als künstlerisch angesehen wird, ist nicht die Bedingung ihrer Zweckdienlichkeit. Sonst müssten unkünstlerische Gegenstände der gleichen Art ihren Zweck verfehlen.

## Finite Form

Im Bereich des Kultus gibt es Spiele, bei denen wie beim Fußball nur die Regeln festgelegt sind und die Ausführung offen bleibt. Ihnen stehen solche gegenüber, bei denen alle Elemente wie die Schrittfolgen eines Balletts festgelegt sind. Das erste sind offene, das zweite finite Spiele. Zur ersten Klasse gehört alles das, was man als Spiel im üblichen Sinn bezeichnet, vom Karten- und Brettspiel bis hin zum sportlichen Wettkampf. Zur zweiten Klasse gehören Spiele, die eine vollständige Formalisierung verlangen. Das ist exakt das, was Kunst charakterisiert. Ob Dichtung, Musik oder bildende Kunst, ob kreative oder performative Produktion: immer erwartet man von einem Kunstereignis, dass es erstens von Menschen gemacht, zweitens zweckfrei und drittens vollständig durchformalisiert ist. Das letztere muss nicht heißen, dass es keinen Freiraum für Improvisation gibt. Doch das Improvisierte wird – wie beispielsweise die Kadenz in einem Klavierkonzert – erst dann als Kunst empfunden, wenn es durch vollkommene Formalisierung eine finite Form gewinnt. Deshalb werden fast immer auskomponierte Kadenzen gespielt. Nur geniale Musiker wie Mozart oder Beethoven waren imstande, ihre Kadenzen frei zu improvisieren; denn von einem Kunstwerk erwartet der Kenner wie der Laie, dass jedes seiner Elemente exakt am richtigen Platz innerhalb des Ganzen steht.

## Scheinhaftigkeit

Finite Rituale gibt es aber nicht nur in der Kunst, sondern auch im gesellschaftlichen, politischen und vor allem im religiösen Leben. Eine Parade, ein Krönungszeremoniell oder die Liturgie der katholischen Messe werden in einer weitgehend finiten Form durchgeführt. Von Kunst unterscheiden sie sich dadurch, dass sie trotz ihrer Symbolik auf der gleichen Realitätsebene liegen wie das, was sie darstellen. Folglich müssen sie auch genauso ernst genommen werden. Für sie gilt damit nur der erste Teil von Schillers berühmtem Satz: »Ernst ist das Leben, heiter ist die Kunst«. Dass Kunst sich vom Leben durch Heiterkeit unterscheidet, erscheint allerdings fraglich, wenn man an Werke wie Shakespeares *König Lear* oder Bachs *Matthäuspassion* denkt. Heiter sind sie wahrhaftig nicht, ernst aber auch nicht, wenn man darunter den Ernst des wirklichen Lebens versteht. Es sind scheinhafte Spiele, die abgehoben von der Wirklichkeit stattfinden und keine realen Folgen nach sich ziehen. Insofern ist selbst das erschütterndste Kunstwerk unernst; denn man kann jederzeit aus seiner Scheinwelt heraustreten.

## Zeitlosigkeit

Werkcharakter, Selbstzweck, finite Form und Scheinhaftigkeit wären demnach die empirischen Bestimmungsmerkmale, die die Kunstsphäre von der übrigen Welt unterscheiden. Ein Gegenstand oder Sachverhalt, der diese Merkmale aufweist, ist aus dem Kausalzusammenhang der realen Welt herausgehoben und damit der Zeit entrückt. Zeitlos ist der Augenblick, weshalb Wittgenstein sagen konnte, dass derjenige ewig lebt, der im Augenblick lebt. Zeitlos ist aber auch die Fortdauer eines unveränderten Zustands. Dies sind die beiden Existenzformen der Kunst. Die ausübenden Künste existieren in der Zeitlosigkeit des Augenblicks, die werkschöpfenden in der Zeitlosigkeit unveränderter Dauer. Ein Tanz, ein Geigenspiel oder eine Theaterdarbietung heben den Zuschauer aus der Zeitlichkeit seines Alltags in die Welt erfüllter Augenblicke; ein Bild, ein Gedicht oder ein Musikstück, sofern es als Komposition und nicht als Darbietung wahrgenommen wird, sind ihrem Wesen nach der Zeit enthoben und unveränderlich, selbst wenn das materielle Bild Spuren von Alter und Zerstörung zeigen sollte.

## Singularität oder ›das gewisse Etwas‹

Die fünf genannten Kriterien müssen erfüllt sein, damit ein Gegenstand oder Sachverhalt als Kunst gelten kann. Es fehlt aber noch das entscheidende sechste. So wie die präparierten Tiere in einem naturkundlichen Museum alle Erkennungsmerkmale ihrer Gattung aufweisen, nur nicht dasjenige, das sie zu Lebewesen macht, nämlich das Leben, so weisen auch Imitate und Reproduktionen alle Bestimmungsmerkmale von Kunstwerken auf, nur nicht dasjenige, das sie zu *echter* Kunst macht. Dieses letzte, entscheidende Merkmal, das dem Gegenstand den Atem der Kunst einhaucht, wird als so schwer bestimmbar empfunden, dass es oft nur als ›das gewisse Etwas‹ bezeichnet wird.

In der Natur ist das, was der Mensch an ihr ästhetisch wahrnimmt – z.B. das schon mehrfach erwähnte Rad des Pfaus oder die sich öffnende Rose – nicht individualisiert. Ein makelloses Pfauenrad ist so schön wie jedes andere bei einem ebenso makellosen Pfau gleichen Alters, und ein edles Rennpferd wird sich von einem anderen in Hinblick auf seine Schönheit kaum unterscheiden. Individualität gewinnen in den Augen des Menschen Naturphänomene eher dadurch, dass sie hinter der perfekten Ausbildung ihres Wesens zurückbleiben. Ein Pfau in der Mauser oder ein abgemagertes Pferd wird man plötzlich als etwas Singuläres und nicht als typischen Repräsentanten der Gattung empfinden.

Ganz anders in der Kunst. Hier kann die Kopie eines Bildes von Raffael vom Original nicht zu unterscheiden sein, und doch wird sie gering geachtet. Ein von Schulkindern angefertigtes Mobile könnte genau so phantasievoll und schwebend wirken wie die Mobiles von Alexander Calder, der diese Kunstform erfand; und doch gilt das erste als Kunstgewerbe und nur das zweite als Kunst. Ein Tapetenmuster oder ein Bucheinband, eine mit einem Pendel erzeugte Zufallsgraphik oder ein symmetrisches Tintenklecksbild mögen einem Betrachter mehr gefallen als die Bilder manch eines modernen Künstlers, trotzdem wird man sie nur als ästhetisch wirksame Objekte, nicht aber als Kunstwerke gelten lassen. Um sich auch noch diese Bezeichnung zu verdienen, müssen sie »das gewisse Etwas« besitzen.

Francis Bacon spricht in seinem *Essay on Beauty* davon, dass der mit der Natur wetteifernde Künstler Schönheit nur durch »a kind of felicity, … and not by rule« erschaffe. Wenn die spezifische Schönheit der Kunst darin besteht, dass sie an den Regeln vorbei durch einen glücklichen, also zufälligen Griff erschaffen wird, müsste man den Versuch ihrer weiteren Bestimmung abbrechen; denn über den Zufall lässt sich nichts Gesetzmäßiges aussagen, ausgenommen vielleicht die statistische Wahrscheinlichkeit, mit der er eintritt. Nur wenige Jahre nach Bacons Essay erwähnt der englische Dramatiker Thomas Heywood (?1574–1641) den Franzosen Gombauld (1570–1666), der vor der französischen Akademie über das *Je ne sçay quoi* (›ich weiß nicht was‹; alte Schreibweise) gesprochen habe. Diese Formel, die angeblich von Demoiselle de Gournay (1566–1645) im Jahre 1590 zum erstenmal in Umlauf gesetzt wurde, kehrt danach im europäischen Diskurs über Kunst und Geschmack ständig wieder, in England wie in Frankreich und Italien. Der Franzose Dominique Bouhours (1628–1702) verwendet sie mehrfach und widmet ihr in seiner Schrift *Entretiens d'Aristide et d'Eugène* (1671) ein ganzes Kapitel. Bei Fénelon taucht sie in einem Brief vom 22. 11. 1714 auf. Danach ist sie ein fester Begriff in der Kunstkritik. Im 18. Jahrhundert waren fast alle Theoretiker der Kunst und selbst ein Praktiker wie der Maler William Hogarth auf der Suche nach dem Geheimnis des *Je ne sais quoi*.

In der Natur korreliert Schönheit, wie bereits angedeutet, in der Regel mit Vollkommenheit und diese oft mit Zweckmäßigkeit. Beide Werte stellen etwas Normatives und damit Nicht-Individualisiertes dar. Nach normativer Idealität strebte auch die Kunst der klassischen Antike und aller daran ausgerichteten Epochen. Doch schon damals standen die Künstler im Wettbewerb miteinander und mussten folglich darauf aus sein, die Konkurrenten zu übertreffen. Eine erreichte Norm ist nun aber ein Grad der Vollendung, der sich schlechterdings nicht übertreffen lässt. Deshalb kann ein Künstler auf diesem Wege das gewisse Etwas nur erreichen, solange die Kunst insgesamt noch nicht zu jener Vollkommenheit gelangt ist, die man gemeinhin klassisch nennt. Folglich musste es immer wieder Kunstepochen geben, die sich auf ein normatives Schönheitsideal zubewegten, denen dann aber, sobald das Ideal erreicht war, eine Epoche folgte, die das gewisse Etwas in der entgegengesetzten Richtung suchte, indem sie gerade die Abweichung von der Norm anstrebte. An der abendländischen Kunstgeschichte lässt sich dieser mehrfache Wechsel leicht ablesen. Als sich nach dem Klassizismus die Romantik erneut vom Diktat der Schönheitsnorm abwandte, gab sie dem *Je ne sais quoi* einen neuen Namen und nannte es Originalität, ein Begriff, der zwar auch vorher schon verwendet wurde, aber erst in Verbindung mit dem Geniekult des 18. Jahrhunderts zum zentralen Kunstkriterium wurde.

Mit dem Siegeszug des Realismus im 19. Jahrhundert wurde es allerdings schwer, dem Originalitätsgebot zu genügen; denn wenn es galt, die wahre Wirklichkeit so differenziert wie möglich abzubilden, war ein neues normatives Ziel gesetzt, das der Wirklichkeitstreue. Mit der Moderne wandelte sich der Originalitätsbegriff erneut. Jetzt verstanden sich die Künstler nicht mehr als Schöpfer individualisierter Werke, sondern nur noch als die Erfinder einer individuellen Formensprache, die wie ein Markenzeichen sofort zu erkennen ist. Heute besteht Singularität oft nur darin, dass jemand etwas als Erster tut. Seit Marcel Duchamp 1913 das Rad eines Fahrrads als *ready-made* zum Kunstwerk erklärte, sind solche Ersthandlungen zur verbreitetsten Form von Singularität in der Kunst geworden.

Bis zum Beginn der Moderne war der Wettbewerb um das Erstgeburtsrecht ein Merkmal der kognitiven Sphäre, in der Erfindungen und Entdeckungen gemacht werden. Hier fiel und fällt der Lorbeer dem zu, der eine bestimmte Leistung als Erster vollbringt. Demgegenüber konnte sich Goethe mit seinem *Faust II* Jahrzehnte Zeit lassen, ohne fürchten zu müssen, dass ihm einer zuvorkommt. Selbst posthum veröffentlichte Werke, sofern sie das gewisse Etwas hatten, konnten durch keine Konkurrenz überholt werden. Heute befinden sich Künstler in zunehmendem Maße in der Situation von Wissenschaftlern oder Sportlern, bei denen der zeitlich Erste allen Ruhm einheimst. Nach Günter Uecker wird niemand mehr genagelte Bilder und Skulpturen anfertigen können. Hätte ein anderer schon vor ihm damit begonnen, hätte Uecker sich etwas anderes einfallen lassen müssen. Dagegen hätte kein anderer vor Mozart dessen Musik komponieren oder vor Paul Klee dessen Bilder malen können. Die Singularität, die früher in der Individualität des Künstlers lag, ist heute zu etwas geworden, was in einem allgemein zugänglichen Reich noch unrealisierter Möglichkeiten liegt. Insofern haben wir es hier mit einer radikalen Demokratisierung der Kunst und ihrer konsequenten Integration in das System des freien Wettbewerbs zu tun.

## Stillgestellte und ritualisierte Lust

Erwartungslust verlangt nach Befriedigung, und Befriedigungslust hinterlässt ein Gefühl der Sättigung. Die Lust am Schönen wird aber, wie Kant zeigte, vom Verlangen nach sinnlicher Befriedigung abgetrennt und zu »interesselosem Wohlgefallen« stillgestellt. Die gleiche Stillstellung lässt sich im Reich der Kunst beim Erlebnis des Erhabenen, Grotesken und Pittoresken beobachten. Auch hier bewirkt die Anspannung des betreffenden Affekts Lust, jedenfalls im ersten Moment. Doch wenn danach keine Entspannnung folgt, wird die Psyche mit Irritation und Frustration reagieren. Dass dies im Falle der ästhetischen Lust nicht geschieht, wird durch unser neurologisches Modell erklärt. Die affektive Spannung erscheint nämlich nur deshalb als stillgestellt, weil sie im Prozess der Wahrnehmung kognitiv aufgelöst wird. Deshalb kann man sich ästhetisch reizvolle Gegenstände lange Zeit anschauen, ohne das Ausbleiben von Befriedigung als Frustration zu erleben. Im Gegenteil, statt der affektiv-physiologischen Befriedigungslust stellt sich eine kortikale ein. Das letzte Wort wurde absichtlich anstelle von ›kognitiv‹ verwendet, da es dabei nicht zu einem Erkenntnisakt kommen muss, sondern nur zur Reduktion der Wahrnehmungsspannung durch intuitives Erfassen der im Objekt angelegten Ordnung.

Analoges gilt für den zweiten Lustmechanismus, der bei allen in der Zeit ablaufenden Kunstformen, also bei Musik, Drama und Epik, erlebt wird. Es ist kathartische Lust, die wie die physiologische Befriedigungslust erlebt wird, aber im Unterschied zu dieser kein Gefühl von Sättigung, sondern statt dessen emotionale Entlastung bewirkt. Wer ein Konzert genossen hat, ist danach weder satt noch müde, sondern beschwingt und erhoben. Während die physiologische Lust unmittelbar nach der Befriedigung erlischt, bleibt die kathartische bestehen, da sie nicht real, sondern in ritualisierter Form erlebt wird. Ein Ritual aber bewegt sich nicht punktförmig auf dem Zeitstrahl. Es wird als ein zusammenhängender Ablauf erlebt, bei dem jeder Moment auf alle vorausgegangenen bezogen wird. Wer das Dessert eines üppigen Menüs genießt, wird dabei nicht unbedingt an die Suppe vom Anfang denken, wer aber den letzten Akt eines Theaterstücks sieht oder den vierten Satz einer Sinfonie hört, bezieht die aktuelle Wahrnehmung auf das vorher Wahrgenommene; denn nur so kann er die Komplexität des Ganzen auf eine einfachere Ordnung reduzieren und sich den vollen Kunstgenuss verschaffen. Deshalb tun sich gerade bei der Musik ungeübte Hörer schwer, weil sie sich an das Vorausgegangene nicht mehr erinnern können; denn nur das Wiedererkennen von Bekanntem ermöglicht überhaupt, musikalische Komplexität zu reduzieren, was wiederum die Voraussetzung dafür ist, dass kathartische Lust freigesetzt wird.

Ästhetische und kathartische Lust sind demnach die Grundformen der affektiven Reaktion auf Kunst. Die erste Form besteht in der Stillstellung von Erwartungslust, die zweite in der Ritualisierung von Befriedigungslust. Wie sich beide zu den vier Affektdimensionen verhalten, soll nun im Einzelnen näher betrachtet werden.

## Appetenzlust und das Schöne

Stillstellung von Appetenzlust bewirkt das, was Kant das »interesselose Wohlgefallen am Schönen« nannte. Daneben gibt es aber auch ein interesseloses Wohlgefallen, das der ritualisierten Befriedigungslust entspringt. Es wird vor allem von den heiteren Formen der Kunst, der Komödie, der komischen Oper und der humorvollen Epik hervorgerufen. Den Genuss, den Mozarts *Figaros Hochzeit* bereitet, könnte Kant weder mit seinem Begriff des Schönen noch mit dem des Erhabenen erklären; denn beides sind stillgestellte Affekte. Bei Mozarts Oper erleben wir aber ritualisierte Befriedigungslust, die sich von derjenigen der Tragödie nur dadurch unterscheidet, dass sie nicht entlastet, sondern erheitert, was der Zuschauer aber ebenfalls als inneres Leichterwerden empfindet. Neben den genannten Beispielen aus der Kunst gibt es noch ein viel älteres Ritual, das man geradezu als Archetypus dieser Form von ritualisierter Appetenz ansehen kann, das Fest.

## Submissionslust und das Erhabene

Für das Erhabene gilt das gleiche wie für das Schöne, nur dass es sich um einen anderen Affekt handelt. Das erhabene Objekt ist etwas, vor dem das Submissionsverhalten in scheuer Ehrfurcht innehält, was wiederum einer stillgestellten Erwartung entspricht. Auch beim Erhabenen hat Kant nur die Tumeszenzphase der Lust und deren Stillstellung betrachtet. Tatsächlich aber ist ein großer, wenn nicht der größte Teil der Erhabenheitserlebnisse von der Art, dass in Form eines rauschhaften Submissionsrituals die Wonnen der ungefährlichen Hingabe an ein erhabenes Erlebnis genossen werden. Das gilt in besonderem Maße für die Musik, wo Bruckner und Wagner ohne Zweifel so genossen werden. Es gilt ebenso für die Tragödie, jedenfalls die echte, die den Zuschauer zur Identifikation mit dem Helden zwingt. Neben Musik und Tragödie gibt es auch hier eine ältere, außerkünstlerische Form des ritualisierten Abbaus der Submissionsspannung, deren archetypische Struktur in Musik und Tragödie übergegangen ist, das Mysterium. Die griechische Tragödie ist sogar unmittelbar daraus hervorgegangen.

## Aversionslust und das Groteske

Kant hat nicht nur die ritualisierten Formen ästhetischer Lusterlebnisse ausgelassen, sondern außerdem noch zwei der vier ästhetischen Grundkategorien. Das Groteske erwähnt er nur in einem Nebensatz, und auf das pittoreske Ideal der englischen Landschaftsgärten nimmt er in demselben Satz Bezug, ohne das Wort zu erwähnen. Beide hätten in seiner Ästhetik eine ebenso lange Behandlung wie das Schöne und das Erhabene verdient, und für beide gilt das oben Gesagte. Auch beim Grotesken ist die ästhetische Wahrnehmung interesselos. Wäre sie es nicht, würde der Betrachter vom Objekt abgestoßen; denn es liegt auf der Hand, dass das Groteske seine Reizenergie zwar aus dem Aversionsaffekt zieht, dass es aber nur dadurch zur Quelle ästhetischer Lust werden kann, dass der Reiz bis hart an die Ekelschwelle geht und dort stillgestellt oder in ritualisierter Form abgebaut wird. Auch hier gibt es einen Archetypus, den Exorzismus. Während er in religiöser Form als Geister- oder

Teufelsaustreibung praktiziert wurde und wird, wirkt sein Grundmuster in allen Schauerstücken, Sensationsfilmen und Kriminalromanen nach, wo statt des Teufels der Verbrecher zur Strecke gebracht wird.

## Dominanzlust und das Pittoreske

Als letztes bleibt noch die ästhetische Grundkategorie, die sich am spätesten zu den drei anderen gesellte, das Pittoreske. Für die Verspätung gibt es eine plausible Erklärung. Nicht der Begriff, aber die Wertnorm des Pittoresken kam zuerst in England auf, und zwar im Zusammenhang mit dem englischen Landschaftsgarten, der wiederum Ausdruck eines neuen Verhältnisses zur Natur ist, das es früher nicht gab. Das Schöne setzt der natürlichen Rohheit die Form entgegen, das Groteske zieht aus eben dieser Rohheit ästhetische Befriedigung, und das Erhabene verwandelt die Übermacht der Natur in ein Objekt der Ehrfurcht. Alle drei verhalten sich zur Natur reserviert bis ablehnend. Das Pittoreske nahm sich dagegen die Natur selber zum Vorbild. Das war erst möglich, als die Natur restlos unterworfen war. Erst jetzt konnte der Dominanzaffekt Befriedigung daraus ziehen, dass der überlegene Mensch der Natur freundlich gegenübertrat, um sie zu veredeln, ohne sie dabei unter das Joch des klassisch Schönen zwingen zu müssen. Im Pittoresken hat man es demnach mit stillgestellter oder ritualisierter Dominanzlust zu tun. Auch hier lässt sich an ein archetypisches Grundmuster denken, das der Entdeckungsreise. Was der Reisende, der die unerforschte Wildnis erkundet, mit erheblichem Risiko unternimmt, tut der Spaziergänger in einem Landschaftsgarten in der Form einer ritualisierten Entdeckungsreise zum Zweck des ästhetischen Genusses, und in stillgestellter Form tut es der Betrachter eines pittoresken Bildes, z. b. von Constable oder Turner.

## Nicht-stillgestellte Erwartungslust in der Werbung

Unter den von Menschen erzeugten Objekten, die auf der Klaviatur der Erwartungslust spielen, wirkt die heutige Kunst wie ein Maulwurfshügel, neben dem sich das gewaltige Gebirge der Werbung auftürmt. Michael Schirner, Professor für verbale Kommunikation und Inhaber einer Werbe- und Projektagentur, erklärt die Werbung sogar zur wirklichen Kunst des ausgehenden 20. Jahrhunderts. Wer unserem bisher entwickelten Erklärungsversuch folgt, wird diese These zurückweisen müssen; denn der Werbung fehlt genau das, was das Wesen der Kunst ausmacht, die Stillstellung der Appetenzlust. Ihr Ziel ist das exakte Gegenteil. Sie schafft Erwartungsspannung, nicht um sie durch einen Reduktionsvorgang aufzulösen, sondern um sie durch realen Konsum zu befriedigen. Wenn diese Deutung richtig ist, folgt daraus, dass die Werbung der Kunst das Wasser abgräbt. Je mehr sie in den Menschen das im kantischen Sinne interesse*volle* Wohlgefallen am Angenehmen weckt, umso weniger werden diese zu interesse*losem* Wohlgefallen am Schönen disponiert sein, was durch die Entwicklung der letzten Jahrzehnte hinreichend bestätigt wird. Genau das ist mit hoher Wahrscheinlichkeit der Grund, weshalb die Künste heute nicht mehr schön sein wollen; denn sie müssten sich dann in den aussichtslosen Konkurrenzkampf mit der Werbung begeben.

## Nicht-ritualisierte Befriedigungslust im Sport

Das zweite »Gebirge«, das sich neben dem oben erwähnten Maulwurfshügel erhebt, ist der Sport. Allein die Sportberichterstattung eines einzigen Wochenendes nimmt in den Tageszeitungen im Schnitt mehr Raum ein als die Kulturberichte der ganzen Woche. Der Sport ist, wie schon früher gesagt wurde, ein nicht-finites und damit ein nicht-ritualisiertes Spiel. Dem Zuschauer genügt zwar nicht die Mitteilung des Ergebnisses; sonst würde er nicht zwei Stunden im Fußballstadion oder noch länger auf einem Tennisplatz ausharren. Doch ist seine ganze Erwartung auf das Ergebnis ausgerichtet. Sähe er statt des Fußballspiels ein Ballett, würde ihn nicht das Ergebnis, sondern nur die Ausführung jedes einzelnen Elements in einem vollständig formalisierten Ganzen interessieren, wenngleich der vom Libretto vorgegebene Handlungsablauf durchaus auch eine Erwartungsspannung aufbaut, die sich am Ende kathartisch löst.

Auch der Zuschauer, der nach einem siegreichen Match seines Teams das Stadion verlässt, fühlt sich entlastet. Doch es ist ein Gefühl realer Befriedigung wie nach einem real genossenen guten Essen. Wer dagegen aus dem Theater oder der Oper kommt, hat einen scheinhaften Ablauf miterlebt, dessen Spannung sich nicht erst beim Fallen des Vorhangs auflöst, sondern bereits vom dramatischen Wendepunkt an abgebaut wird, und zwar in einer vorher festgelegten und damit voraussehbaren Form. Wer in eine Tragödie geht, weiß, dass der Held am Ende tot sein wird; wer dagegen wüsste, dass das Fußballspiel mit der Niederlage seines Vereins endet, würde vermutlich gar nicht erst ins Stadion gehen.

Was dem Sport grundsätzlich fehlt, ist zum einen die finite Ritualisierung und zum anderen das Scheinhafte, das eine interesselose Wahrnehmung ermöglicht. Beides gehört zum Wesen der Kunst. Folglich wird man auch hier sagen müssen, dass der Sport der Kunst das Wasser abgräbt; denn er bereitet durch Aufbauen und Lösen von Spannung Lust, ohne dass die Auflösung eine Komplexitätsreduktion erfordert. Da Letztere mit geistiger Anstrengung verbunden ist, während Ersteres nur die Affekte mobilisiert, ist anzunehmen, dass immer mehr Menschen die anstrengungslose Lust der anstrengenden vorziehen werden. Die Abkehr von scheinhafter Wahrnehmung zeigt sich außerdem in der tagtäglichen Fernsehunterhaltung, wo *reality tv*, sogenanntes *infotainment*, und Talkshows mehr Zuschauer anlocken als fiktionale Fernsehspiele.

## Das Problem der Pornographie

Ein Problem, das sich im Lichte der hier entwickelten Gedankengänge auf neue Weise stellt, ist das der Pornographie. Bisher wurde der Streit um sie in zwei getrennten Arenen geführt. In der einen fand die ethisch-juristische Auseinandersetzung um die moralische Verwerflichkeit von Obszönität und die juristisch zu ahndende Gefährdung der öffentlichen Moral statt, in der anderen wurde um den literarischen Wert eines inkriminierten Kunstwerks gestritten. Wurde der zweite Streit zugunsten des Werkes entschieden, forderten dessen Verteidiger Freispruch unter Berufung auf die im Grundgesetz garantierte Freiheit der Kunst. Dabei ist schwer einzusehen, inwiefern der Kunstvorbehalt den Pornographievorwurf entkräften kann. Ist eine Handlung, die, metaphorisch gesprochen, in kunstloser Prosa gesetzwidrig wäre, auf einmal legal, nur weil sie in Versen begangen wird? Darf jemand in Ausübung einer Kunst Rechte verletzen, für deren Verletzung ein Nichtkünstler bestraft würde? Wenn obszöne Literatur schädlich ist, wird der Schaden dann dadurch geringer, dass er in künstlerischer Form angerichtet wird? Auf keine dieser Fragen konnten die zahlreichen Prozesse, die in den sechziger Jahren gegen vermeintlich pornographische Bücher geführt wurden, eine befriedigende Antwort geben. Das Problem hat sich nur dadurch erledigt, dass angesichts der auf breitester Front über das Land hinwegrollenden Woge von Pornographie die Tugendwächter resigniert haben.

In den sechziger und frühen siebziger Jahren wurden immer wieder Literaturwissenschaftler als Gutachter bemüht, die den Nachweis erbringen sollten, dass ein inkriminiertes Buch ein Kunstwerk und damit gegen den Pornographievorwurf gefeit sei. Statt sich an solchen Prozessen zu beteiligen, hätten sie ihren Scharfsinn lieber auf die viel interessantere Frage richten sollen, ob und auf welche Weise Sexualität überhaupt dargestellt werden kann. Diese Frage ist bisher kaum jemals ernsthaft erörtert worden. Geht man von der Tatsache aus, dass die explizite Darstellung von Sexualität den Leser sexuell stimuliert, so heißt das, dass eine Stillstellung oder Ritualisierung der Lust nicht möglich ist, da sexuelle Erregung nach realer, nicht bloß scheinhafter Befriedigung verlangt. Damit ist aber das Kunstprinzip durchbrochen. Das interesselose Wohlgefallen am Schönen verwandelt sich, kantisch gesprochen, in interessevolles Wohlgefallen am Angenehmen. Es mag sein, dass eine künstlerisch hochwertige Darstellung allein schon wegen der komplexeren Sprache etwas weniger stimulierend wirkt als Pornographie, doch ist dies nur ein gradueller Unterschied. Vermutlich wurde und wird die Verderblichkeit solcher Stimulation weit überschätzt, so dass schon aus diesem Grund Verbote unnötig sind. Doch die Frage bleibt, ob eine physisch stimulierende Darstellung von Sexualität überhaupt Kunst sein kann.

Die Künstler sind sich dieses Problems durchaus bewusst, weshalb sie mit Verfremdungs- und Verhüllungsstrategien arbeiten. Eine dieser Strategien besteht darin, dass bewusst darauf hingewirkt wird, beim Leser keine Stimulation aufkommen zu lassen. Das hat bei Gerichtsprozessen gelegentlich zu der perversen Argumentation geführt, das inkriminierte Buch sei gegen den Vorwurf der Pornographie gefeit, weil es den Geschlechtsakt als etwas Unappetitliches und Ekelhaftes darstellt. Ein Buch, das diese Wirkung hat, richtet wahrscheinlich mehr Schaden an als lüsterne Pornographie.

Noch ein zweiter fundamentaler Widerspruch tut sich auf. Das gesellschaftliche Wesen von Sexualität besteht in ihrer Intimität, die auf einer frühen Entwicklungsstufe der Menschheit durch das Aufrichten der Schamschranke entstanden ist. Wenn aber sexuelle Handlungen durch explizite Darstellung öffentlich gemacht werden, wird ihre Intimität zerstört. Auch aus diesem Grunde müsste man folgern, dass Sexualität grundsätzlich nicht darstellbar ist, jedenfalls nicht direkt und unverhüllt.

Was also kann der Künstler tun? Soll er einen der wichtigsten, lustvollsten und zugleich psychisch am stärksten belasteten Lebensbereiche aussparen? Problembelastet ist Sexualität nicht nur deshalb, weil sie tabuisiert ist, sondern noch aus einem anderen Grunde. Während alle übrigen Lebensbereiche des Menschen durch kollektiv ausgebildete und vom Einzelnen verinnerlichte Regeln geformt werden, fehlt im Intimbereich die ständige Korrektur durch die Außenwelt. Hier überschreitet jeder die Grenze zu einer anderen, nur halb zivilisierten und wenig normierten Welt. Was an Kultivierung der ursprünglichen Wildheit des Eros verinnerlicht wurde, ist größtenteils ein Verdienst der Kunst, die für diese *terra incognita* eine Art Monopol hat. Das wiederum spricht dafür, dass die Kunst Sexualität darstellen *soll*; doch sie sollte es so tun, dass sie den zivilisierten Menschen mit seiner Wildheit bekannt macht, indem sie aus dem Innenraum der Kultur einen Blick auf das Andere jenseits der Grenze wirft. Die Pornographie dagegen paktiert mit der anderen Seite und unterminiert damit den jahrtausendealten Zähmungsprozess. Das kann sozialpsychologisch sinnvoll sein, wenn dadurch ein Ventil für die latente Wildheit geöffnet wird, die unter der dünnen Schicht der Kultur lauert. Die Erfahrungen des Sexualstrafrechts sprechen dafür. Andererseits entzieht das Ventil den kulturellen Sublimierungsprozessen Energie und gräbt damit der Kunst ebenso das Wasser ab wie die Befriedigungsmechanismen von Werbung und Sport.

Bei drei so mächtigen Konkurrenten auf dem Vergnügungsmarkt sieht es für die seriöse Kunst nicht gut aus. Nur die populären

Kunstformen wie Popmusik, Musical, Film und Comic können da mithalten. Doch bei ihnen ist das Komplexitätsintervall so gering, dass sie das Manko nur durch Reizintensität, z. B. durch Lautstärke, Tempo und übersteigerte Effekte wettmachen können. Zyniker könnten der Kritik daran entgegenhalten, dass die Unterhaltungsindustrie inzwischen die sedierende Rolle der Religion übernommen habe, die Marx einst mit »Opium fürs Volk« umschrieb. Sozialtherapie durch Affektabfuhr hatte schon Aristoteles im Sinn, als er gegen Platon die Tragödie verteidigte. Doch deren kathartische Lust wirkt nur emotional entlastend, während die Befriedigungslust der modernen Unterhaltungsindustrie wie eine Droge süchtig macht.

Wenn Emanzipation von den Zwängen der Natur das Wesen des Menschen ausmacht, dann trägt die Kunst durch Stillstellung und Ritualisierung der Affekte zweifellos zur Vermenschlichung des Menschen bei, während umgekehrt die Werbung und der bloß rezeptive Genuss von Sport, sensationeller Unterhaltung und Pornographie dem entgegenwirken. Andererseits stellt sich aber die Frage, ob die Kunst angesichts der stetig zunehmenden sozialen Spannungen, die aus dem immer engeren Zusammenrücken der Menschen erwachsen, überhaupt noch ausreicht, das zu leisten, was Aristoteles z. B. von der Tragödie erwartete. Offensichtlich sind heutzutage viel umfassendere Rituale zur Lösung sozialer Spannungen erforderlich, als sie die traditionelle Kunst zur Verfügung stellen kann. Deshalb sind jetzt möglicherweise Abstriche auf der Seite der Vermenschlichung des Menschen nötig, um den anderen Leitwert jeder rationalen Ethik, nämlich die physische Existenz der Menschheit, zu sichern. Das Dilemma wird zur Paradoxie, wenn man bedenkt, dass die genannten Konkurrenten der Kunst, die zur Preisgabe der Emanzipation verführen, ihre Wirksamkeit ausgerechnet der stetigen Zunahme äußerer Handlungsfreiheit verdanken, während sie gleichzeitig die innere Freiheit von Zwängen ebenso stetig unterminieren.

# Wirkungsweisen der Künste

Um das zuvor theoretisch Ausgeführte auf die Praxis der Künste anzuwenden, seien diese nun in Hinblick auf die ästhetischen Reaktionsabläufe betrachtet, die sie im Rezipienten auslösen. Angesichts des weiten Feldes, das sich dabei auftut, kann es freilich nur darum gehen, die Grundprinzipien aufzuzeigen.

## Bildende Kunst

Bis zum Aufkommen von Video-Installationen galt in der bildenden Kunst ausschließlich das Prinzip der stillgestellten Erwartungslust; denn Bilder und Skulpturen konnten selbst da, wo sie dramatische Szenen darstellten, dies nur in der Form des eingefrorenen Augenblicks tun. Der ästhetische Genuss, den sie bereiten, konnte also nicht kathartisch durch die Auflösung einer gespannten Erwartung entstehen, sondern nur dadurch, dass die Wahrnehmungsspannung durch das Erkennen der komplexen Ordnung gelöst wird. Je nachdem, welcher Affekt zum Aufbau der Spannung mobilisiert wird, lassen sich vier Grundtypen unterscheiden, die sich durch das gesamte bildnerische Schaffen der Menschheit ziehen. Aus dem Appetenzaffekt ging die ornamentale Kunst hervor, die sich am Ideal der Schönheit orientiert. Dem Submissionsaffekt entsprang die sakrale Kunst, die im Betrachter das Gefühl der Erhabenheit angesichts des Göttlichen, Übermenschlichen oder ganz allgemein des Numinosen vermittelt. An den Aversionsaffekt appelliert die groteske Kunst, die selbst das Hässliche reizvoll macht, und den Dominanzaffekt aktiviert die pittoreske, die durch Vielfalt, Buntheit und Natürlichkeit den Eindruck erweckt, als unterwerfe sich die ungezähmte Natur ohne den Zwang von Regeln freiwillig dem Auge des Betrachters.

Die vier Typen unterscheiden sich nur durch den jeweils anderen Affekt, der durch sie aktiviert wird. Ansonsten entsteht bei allen die Spannung aus dem Intervall von Anfangskomplexität und Restkomplexität. Das bedeutet, dass das Intervall entweder durch Erhöhung der Anfangs- oder durch Verringerung der Restkomplexität vergrößert werden kann. Auf einem Bild wie Rubens' *Raub der Töchter des Leukippos* sieht der Betrachter ein hochkomplexes Knäuel aus zwei Männern, zwei Frauen, zwei Pferden und einem Putto, das so auf einen Mittelpunkt hin zentriert ist, dass man meint, die Gruppe sei mitten in einer Drehung um diesen Punkt herum eingefroren worden. Im Vergleich dazu ist Rembrandts Bild *Susanna und die beiden Alten* deutlich weniger komplex. Doch dadurch, dass in Letzterem die ganze innere Bewegung auf den entblößten Frauenkörper reduziert wird, scheint sich alles in dieser Situation des Den-Blicken-ausgesetzt-Seins zu versammeln, sodass sich ein großes Intervall zwischen der erkannten Situation im gleißenden Licht und der Komplexität des unaufgelösten Dunkels ergibt. Vergleicht man Rembrandts Bild nun seinerseits mit einem von Piet Mondrian, so haben wir es bei Letzterem mit einer noch viel geringeren Anfangskomplexität und einer vollständig aufgelösten Restkomplexität zu tun, da alle Elemente ohne Rest in der erkannten Ordnung aufgehen.

Bei den genannten Beispielen bestehen die Unterschiede im Wesentlichen im Bildaufbau. Doch selbst bei völlig identischer Komposition kann es zwischen zwei Gemälden Unterschiede geben, die so groß sind, dass man das eine für hohe Kunst und das andere für minderwertig halten wird, und das allein der Farben wegen. Alle großen Maler bauen ihre Bilder aus in sich geschlossenen Farbakkorden auf, die meist aus nur wenigen Farben bestehen. So geht z.B. Vermeer oft von dem Gegensatz der beiden Komplementärfarben Blau und Gelb aus und fügt ihm Grün als Mischung der beiden sowie Rot als Komplementärfarbe von Grün hinzu. Schwarz und Weiß kommen als Eckpunkte dazu, zwischen denen sich die Farben zu Akkorden verbinden, deren unaufgelöste Spannung im Bilde stillgestellt wird. Kalenderblattmaler pflegen demgegenüber ihre gesamte Palette zu bemühen und erreichen damit doch nur, dass ihr buntes Bild spannungslos und aus der Ferne grau wirkt. Das Gleiche gilt für die Zeichnung eines Bildes. Auch hier sind sparsame Linien, die ein kompositorisches Zentrum erkennen lassen, wirkungsvoller als ein buntes Gewirr von Details.

Das Gesagte gilt gleichermaßen für gegenständliche wie für abstrakte Bilder. Schon daran erkennt man, dass die Unterscheidung zwischen diesen beiden Kunstauffassungen vom ästhetischen Gesichtspunkt aus belanglos ist. Sie betrifft nicht den Kunstcharakter, sondern außerkünstlerische Wertvorstellungen, die der Maler oder der Betrachter mit Kunst verbindet. In der bildenden Kunst lässt sich Kants Unterscheidung zwischen dem Angenehmen und dem Schönen besonders gut beobachten. Menschen, die ein Bild seiner Farben wegen schätzen oder ein Porträt nach der Schönheit der porträtierten Person beurteilen, empfinden nicht interesseloses Wohlgefallen am Schönen, sondern interessevolle Lust am Angenehmen. Deshalb werden sie sich früher oder später an dem Bild sattsehen, während die stillgestellte Erwartungslust des Kenners nicht nur anhält, sondern mit jeder Entdeckung einer weiteren ordnungstiftenden Beziehung im Zusammenklang der Farben und Linien zunimmt.

## Musik

Die Musik ist stärker als jede andere Kunst auf die Dimension der Zeit und damit auf das Reaktionsschema der Befriedigungslust angewiesen. Das Aufbauen und Lösen von Spannung ist ihr zentrales Bauprinzip. In der tonalen Musik gibt es auf Grund der harmonischen Verhältnisse innerhalb der Obertonreihe feste Gesetze, nach denen harmonische Spannungen aufzulösen sind. Schon der ungeübte Hörer spürt, dass bestimmte Akkorde danach drängen, in bestimmte andere übergeleitet zu werden. Selbst die einfache Dur- und Molltonleiter hat zwei Halbtonschritte, bei denen das Ohr stärker als bei den anderen Schritten danach verlangt, das Intervall zu schließen, weshalb man die Töne, von denen dieser eigenartige Druck ausgeht, Leittöne nennt. Im Laufe der Jahrhunderte haben Musiker eine komplizierte Harmonielehre entwickelt, die die Regeln angibt, nach denen Akkorde oder Tonintervalle so aufeinander folgen müssen, dass sich schrittweise immer mehr Spannung aufbaut, die danach vollständig aufgelöst und in Befriedigungslust umgewandelt wird.

Selbst dann, wenn das tonale System aufgegeben würde, bliebe Spannung und Entspannung immer noch das Bauprinzip der Musik; denn mit welchen Mitteln sie es auch anstellen mag, stets lässt sie den Hörer gespannt sein auf das, was als nächstes folgt, und stets löst sie entweder Befriedigung oder weitere Spannung aus, je nachdem, ob das Folgende der Erwartung entspricht oder nicht. Die Kunst des Komponisten besteht dabei darin, die Spannungsbögen möglichst groß werden zu lassen und die Auflösung nicht abrupt vorzunehmen, sondern kaskadenartig über viele Zwischenstufen hinwegzuführen. Das bewirkt in der Wahrnehmung jene Vielfalt in der Einheit, die auch hier das Maß für die Befriedigung ist.

Während Musik auf der Zeitachse durch harmonische, melodische und rhythmische Kunstgriffe immer neue Erwartungslust aufbaut und in ritualisierte Befriedigungslust überführt, gibt es daneben einen kleinen Bereich, wo trotz des Zeitablaufs so etwas wie stillgestellte Lust aufkommt. Es ist der Bereich der Tonbildung. Töne – seien es die einer Stimme oder die eines Instruments – werden vom Ohr als schön oder weniger schön wahrgenommen. Schön sind sie vor allem dann, wenn sie rein, voll und charakteristisch sind. Ein Geigenton, bei dem kein Kratzgeräusch des Bogens zu hören ist, klingt bereits gefällig. Wenn er von einer Stradivari kommt, hat er zudem einen besonders runden Klang, der etwas mit der Fülle der mitschwingenden Obertöne zu tun hat. Ist es dann noch ein charakteristischer Ton, an dem man die Spielweise eines großen Künstlers erkennt, wird er besonders hoch geschätzt. Die gleichen Kriterien gelten für die menschliche Stimme. Allerdings gibt es neben dem nach Schönheit strebenden Belcanto noch ganz andere Ideale. So produziert ein Flamencosänger einen rauhen, bewusst unreinen Ton, der aber darum umso charakteristischer ist. Offenbar kann auch eine rauchige Stimme oder eine absichtlich »schräg« geblasene Trompete ästhetischen Genuss bereiten, so wie eine groteske Figur dem Betrachter mehr gefallen kann als eine von idealisierter Schönheit. Wird dagegen ein physikalisch reiner Ton auf elektronischem Wege generiert, so fehlen ihm die Obertöne und jegliche Charakteristik, sodass er als fade empfunden wird.

Bestünde Musikgenuss aber aus nichts anderem als der ästhetischen Lust an schönen Tönen und der kathartischen Lust an der Auflösung von Spannung, wäre er ein sehr simples Wechselbad sukzessiver Gefühle, aus dem sich kaum das komplexe Kunsterlebnis ergeben würde, das Musikgenießer dabei haben. Was den Genuss zu einem aufwühlenden und dennoch befriedigenden Erlebnis macht, ist die Reduktion einer extrem komplexen Wahrnehmung durch Gewahrwerden der darin enthaltenen Ordnung. Das Entscheidende dabei ist das Prinzip von Wiederholung und Variation und das Wiedererkennen von Bekanntem. Sobald musikalische Themen wiedererkannt und Variationen bemerkt werden und sobald Gegensätze und Parallelismen zwischen den Teilen ordnende Beziehungen erkennen lassen, reduziert sich der Wahrnehmungsaufwand des Gehirns. Das gilt auch dann, wenn die Regeln der Ordnung nur in groben Zügen bekannt sind, so wie schon derjenige ein Fußballspiel mit Interesse verfolgen kann, der von den Regeln nicht viel mehr weiß, als dass beide Seiten bestrebt sind, den Ball ins gegnerische Tor zu schießen. Das volle Lustpotential der Musik – wie beim Fußballspiel – kann aber nur der ausschöpfen, der die Regeln kennt und dadurch imstande ist, die wahrgenommene Komplexität soweit wie möglich zu reduzieren.

## Dichtung

Während die Musik ganz auf den akustischen und die bildende Kunst ganz auf den visuellen Wahrnehmungsraum beschränkt ist, entfaltet die Dichtung ihre Wirkung in verschiedenen Wahrnehmungsräumen. Bei mündlichem Vortrag wird ein Gedicht wie ein Musikstück wahrgenommen. Es hat einen Sprechrhythmus, oft einen regelmäßigen Takt, eine Sprachmelodie und wechselnde Klangfarben. Im Sprachfluss erkennt der Hörer wiederkehrende Elemente, die auf die verschiedenste Weise variiert werden. Solche Wiederholungen schaffen Redundanz, die es dem Hörer ermöglicht, den komplexen Fluss von Zeichen zu ordnen und auf einfache Strukturen zu reduzieren. So lässt beim Stabreim das erste alliterierende Wort das nächste immer schon ahnen, da es mit dem gleichen Konsonanten anfängt, während der Rest der Silbe variiert wird. Beim Endreim ist es genau umgekehrt; hier wird der Anfangskonsonant der Reimsilbe variiert, während sich der Rest wiederholt. Wiederholung und Variation sind die Grundformen jeder sprachlichen Formalisierung. In Joseph T. Shipleys *Dictionary of World Literary Terms* findet man unter dem Stichwort *repetition* über vierzig Begriffe aus der griechischen Rhetorik, die alle eine jeweils besondere

Form von Wiederholung bezeichnen. In der Lyrik – und in geringerem Umfang auch in der Prosa – ist das intuitive Erfassen der durch Wiederholung und Variation geschaffenen Ordnung eine der Hauptquellen des Genusses. Wird die Ordnung durch Unregelmäßigkeiten gestört, ist der Genuss beeinträchtigt. Das ist der Fall, wenn das Metrum nicht eingehalten wird, sodass man ins Stolpern kommt, oder wenn der erwartete Reim ausbleibt. Beeinträchtigt wird der Genuss aber auch, wenn die Ordnung zwar perfekt ist, aber zu wenig Variation aufweist. Dann empfindet man den Text als monotones Geklapper. Wenn aber der Dichter dem strengen Formkorsett ein Höchstmaß an Freiheit abtrotzt, indem er die Ordnung statt auf die erwartete auf eine gänzlich unerwartete Weise erfüllt, erhält das Gedicht hohen poetischen Reiz.

Das bisher Gesagte gilt aber nur für die Klanggestalt des Gedichts, die derjenige, der es lautlos liest, in der Phantasie erst realisieren muss, um sie überhaupt wahrzunehmen. Daneben baut sich in seinem Kopf aber noch etwas anderes auf, nämlich eine Sequenz von Bildern, Gedanken und Gefühlen, die der Text auf der semantischen Ebene transportiert. Für das Drama und mehr noch für den Roman ist dies die entscheidende Ebene, aber auch bei Gedichten ist es das, was ein bedeutendes von einem weniger bedeutenden unterscheidet. Auch hier gibt es Abläufe, die denen beim Hören von Musik ähneln. Gleichzeitig ruft ein Text aber auch räumliche Vorstellungen hervor, er beschwört Bilder, die vor dem inneren Auge eine fiktionale Welt erstehen lassen. Auch wenn es eine bloß vorgestellte ist, ähnelt ihre Wahrnehmung doch mehr der ästhetischen Rezeption von bildender Kunst als von Musik. Deshalb können Texte die gleichen Vorstellungen vom Schönen, Erhabenen, Grotesken und Pittoresken vors innere Auge rufen wie ein Gemälde oder eine Skulptur.

Darüber hinaus können Drama und Roman aber auch ritualisierte Befriedigungslust vermitteln, weshalb bei ihnen zwei ästhetische Grundkategorien hinzukommen, die auf einer anderen Ebene liegen als die vier zuvor genannten, nämlich Komik und Tragik. Nicht ohne Grund gab Nietzsche seinem bekannten Buch den Titel *Die Geburt der Tragödie aus dem Geist der Musik*. Tragik ist, wie schon an früherer Stelle angedeutet wurde, die emotional stärkste Form ritualisierter Befriedigungslust. Die Wirkung der Tragödie besteht darin, dass sie im Zuschauer durch Schrecken einen Leidensdruck aufbaut, der durch Jammer abgearbeitet und in ein kathartisches Gefühl der Entlastung überführt wird. Damit dieser Erregungsablauf zustande kommt, muss der Zuschauer bereit sein, sich durch Identifikation mit dem Helden zum Schein dem Leiden zu unterwerfen. Folglich haben wir es hier mit einer ritualisierten Anspannung des Submissionsaffekts zu tun. Strukturell das Gleiche geschieht in der Komödie, nur wird jetzt die Spannung in Richtung des Dominanzaffekts aufgebaut, da der Zuschauer sich mit den positiven Helden identifiziert, die allen Widrigkeiten zum Trotz dominieren und zuletzt mit einem Happy End belohnt werden.

In der Komödie treten die Mechanismen der Freisetzung von ritualisierter Befriedigungslust besonders augenfällig hervor, da in ihr der Wechsel von Anspannung und Auflösung nicht wie in der Tragödie auf den großen Spannungsbogen des ganzen Stückes beschränkt ist, sondern sich in jedem Gelächter auslösenden Wortwechsel oder Ereignis beobachten lässt. Zudem trifft sich die Kunst hier mit einem anderen anthropologischen Phänomen, das ebenfalls auf Spannungslösung abzielt, mit dem Humor. Der Unterschied zwischen beiden ist nur der, dass da, wo die Kunst Erwartungslust stillstellt und Befriedigungslust ritualisiert, der Humor die realen Spannungen der Lebenswelt als etwas Unernstes auffasst, wodurch es möglich wird, sie lustvoll aufzulösen. Was die Kunst durch Verlagerung der realen Spannungen in eine Scheinwelt erreicht, bewirkt der Humor dadurch, dass er auf die Realität eingeht, als ob sie Schein wäre. Selbst die ernsteste Kunst bewahrt als schöner Schein stets ein Moment des Unernstes, so wie der Humor sich darin beweist, dass er selbst den bittersten Ernst des Lebens nicht ganz ernst nimmt.[4]

## Ein Beispiel

Da es aus technischen Gründen nicht möglich ist, das bisher Gesagte an Beispielen aus Musik und bildender Kunst zu demonstrieren, soll wenigstens an Hand eines Gedichts gezeigt werden, was

4 Ausführlicher setzt sich der Verfasser mit dem Humor in *Max und Monty. Kleine Geschichte des deutschen und englischen Humors* (1998) auseinander.

mit unserem Modell konkret gemeint ist. Das folgende Gedicht ist eines der bekanntesten und am höchsten geschätzten der deutschen Lyrik. Goethe schrieb es am 6. September 1780 an die Wand einer Holzhütte auf dem Kickelhahn bei Ilmenau.

*Wandrers Nachtlied*

*Über allen Gipfeln*
*Ist Ruh'.*
*In allen Wipfeln*
*Spürest Du*
*Kaum einen Hauch;*
*Die Vögelein schweigen im Walde,*
*Warte nur! Balde*
*Ruhest Du auch.*

Die meisten Menschen sind im Deutschunterricht dazu erzogen worden, sich einem Gedicht mit Ernst, wenn nicht gar mit Ehrfurcht zu nähern, sodass dem Text immer schon ein großer Vertrauensvorschuss entgegengebracht wird, weshalb man dazu neigt, jede in einem Gedicht angesprochene Grenzerfahrung – wie Liebe, Vergänglichkeit, Scheitern und Tod – wegen der unauslotbaren Tiefe des Sachverhalts auch als Darstellung von etwas Tiefem hinzunehmen. Tatsächlich sind aber diese Sachverhalte jedermann vertraut und insofern banal. Auch Goethes Gedicht sagt nicht mehr aus, als dass das abendliche Verstummen eine Todesahnung aufkommen lässt, was niemand im Ernst als tiefe Weisheit wird ausgeben wollen. Um sich das klarzumachen, braucht man es nur einmal in veränderter Form zu wiederholen, z. B. so:

*Ruh ist über allen Gipfeln,*
*Und du spürst in allen Wipfeln*
*Kaum noch einen Hauch.*
*Der Vögel Schar verstummt im Wald.*
*Warte nur! Schon bald*
*Ruhst Du selber auch.*

Dieses Gedicht *sagt* exakt das Gleiche aus, obwohl es etwas ganz anderes *ausdrückt*. Hätte Goethe es so geschrieben, wäre es wohl kaum so berühmt geworden. Daraus folgt, dass die Aussage eines Gedichts vergleichsweise unwesentlich ist. Es gibt überhaupt nur sehr wenige Gedichte, die man wegen ihrer Gedankentiefe in Erinnerung behält. Die meisten enthalten Altvertrautes, streng genommen Platitüden. Sie besingen die Jahreszeiten, klagen über die Vergänglichkeit, geben der Liebe Ausdruck, der Freude oder dem Schmerz. Und doch gibt es darunter einige, die die Platitüde in unvergessliche Worte kleiden und die man deshalb mit ästhetischer Lust genießt, so dass man sich an sie gern erinnert und sie vielleicht sogar auswendig lernt.

Zur letztgenannten Gruppe gehört die obige Umformung des Goetheschen Originals gewiss nicht. Der Grund dafür ist, dass die Form kein Potential ästhetischer Genussmöglichkeit enthält. Man mag es laut lesen wie man will, immer kommt dabei ein monoton leierndes Auf und Ab heraus. Die ersten beiden Zeilen sind einander so ähnlich, dass nirgendwo der Reiz der Variation zu spüren ist. Die dritte endet zwar mit einer betonten Silbe, doch da die vierte mit einer unbetonten anfängt, geht das Leiern dort sogleich weiter. Unterbrochen wird das Auf und Ab nur in den Zeilen vier und fünf, denn hier folgt auf die betonte Silbe am Ende der Zeile eine betonte am Anfang der nächstfolgenden, sodass man beim Sprechen kurz innehalten muss, um die beiden Hebungen nicht aufeinander stoßen zu lassen. In dieser Form bietet das Gedicht dem Wahrnehmungsapparat so wenig Komplexität, dass eine Entlastung durch Reduktion gar nicht eintreten kann, da alles, was in ihm an Ordnung enthalten ist, sich schon dem Ohr darbietet. Folglich ruft das Gedicht im Bewusstsein keinerlei Spannung hervor, so dass dieses auch keine Veranlassung hat, durch Nachdenken über die Aussage die Spannung kortikal aufzulösen. Es ist also eine zu poetischem Wortgeklingel verarbeitete Platitüde.

Ganz anders Goethes Original. Es besteht aus acht Zeilen, die durch das Reimschema *ababcddc* in eine feste Form gebracht sind. Doch innerhalb dieser Form gibt es nicht zwei Zeilen, die metrisch identisch sind. Wer dem Gedicht zuhört, versucht, jedes Wort in die ihm zugewiesene Form fallen zu lassen. Doch welches die Form ist, weiß man erst am Ende. Nach der ersten Zeile erwartet man eine parallel gebaute und ist überrascht, dass sie nicht auch mit einer betonten, sondern mit einer unbetonten anfängt. Die nächste Überraschung ist die Kürze der Zeile; denn sie endet schon nach einer einzigen Hebung. Bei der dritten Zeile schwankt die Erwartung des Hörers. Wird sie wie die erste mit einer Hebung oder wie die zweite mit einer Senkung anfangen? Aus dem Schwanken ergibt sich, dass man beim lauten Vorlesen dahin tendiert, das ›in‹ ebenso stark zu betonen wie die erste Silbe von ›allen‹. In der fünften Zeile folgt eine erneute Überraschung. Hier sind die beiden Hebungen durch zwei statt durch eine Senkung getrennt. Da die vorausgegangene vierte Zeile mit einer Hebung endete, neigt man dazu, jetzt wegen des Auf und Ab eine Senkung zu erwarten. Doch das ›kaum‹ will betont werden. Gleichzeitig könnte aber auch die erste Silbe von ›einen‹ einen Akzent tragen. Wieder müssen sich die grauen Zellen bemühen, den aufgenommenen Reiz in die sich aufbauende Ordnung einzufügen.

Inzwischen hat das Ohr aus dem Wahrgenommenen aber noch eine andere Ordnung herausgefiltert, nämlich die auffällige Vokalspannung zwischen der ersten und zweiten und der dritten und vierten Zeile. In beiden Fällen ist es die Spannung zwischen *i* und *u*, den beiden höchsten und im Vokaldreieck am weitesten voneinander entfernten Vokalen. Jetzt erwartet der Hörer eine Wiederholung dieses Intervalls, doch wieder wird er überrascht; denn die fünfte Zeile endet mit dem Diphthong au, dem tiefsten Vokallaut überhaupt. Auch die Erwartung einer anschließenden Rückkehr zur *i-u*-Spannung wird enttäuscht. Statt dessen folgen zwei Reime auf *a* und zwar diesmal, wieder überraschend, unmittelbar aufeinander. Nur die letzte Zeile enthält keinerlei Überraschung mehr. Sie beginnt metrisch mit genau dem gleichen Daktylus wie die vorausgegangene und sie endet mit dem erwarteten Reimwort; denn seit dem ›Hauch‹ der fünften Zeile wartete das Ohr auf dessen Reimpartner.

Das kleine Gedicht, das inhaltlich eine Platitüde auszusprechen scheint, erweist sich formal als ein Wunder an Komplexität, die ihrerseits restlos auflösbar ist. Es gibt nicht eine einzige Silbe, keinen einzigen Laut, kurzum nichts, das nicht seinen Platz in einer Form findet, die der Hörer dennoch nicht voraussagen konnte, die aber mit jedem Element, das sich in sie einfügt, fester zusammenschießt, sodass das Unerwartete sich jedesmal als das genau Passende erweist, was jene Redundanz bewirkt, die ästhetische Reduktionslust freisetzt.

Ein Hörer, der gelernt hat, Poesie so wahrzunehmen, wird dann natürlich dazu neigen, auch nach Ordnungen unterhalb der Lautoberfläche zu suchen. So wird ihm auffallen, dass das Gedicht mit den Gipfeln beginnt, sich auf die Wipfel verengt, von dort ins Innere der Wipfel zu den Vögelein vordringt und mit deren Verstummen einen Endpunkt der Bildbewegung innerhalb der materiellen Welt erreicht. Doch das Gedicht hört hier nicht auf, sondern setzt die Bewegung in der Innenwelt fort. Damit verwandelt sich das, was eben noch vorgestellte sinnliche Wahrnehmung war, plötzlich in Bedeutung. Man hat es also mit jener Form von Transsubstantiation zu tun, die das Wesen des poetischen Symbols ausmacht. Auf dem Weg von den Gipfeln bis ins Innere des Bewusstseins hat die gedankliche Bewegung genügend Tiefe gewonnen, um nun auch das als einen tiefen Sachverhalt erscheinen zu lassen, was sonst eine Binsenweisheit gewesen wäre. Zudem wirkt die Härte, mit der das Wort »warte« den melodischen Fluss der immer weicher werdenden Laute unterbricht, wie ein Signal, das eine bedeutsame Botschaft ankündigt.

In Goethes Gedicht wird, wie das Beispiel zeigte, Erwartungslust nicht in Befriedigungslust überführt, sondern kognitiv durch Reduktion von Komplexität aufgelöst und damit stillgestellt. Das ist die Wirkungsweise aller großen Dichtung, die bei aller formalen Vollkommenheit dem umittelbaren Genuss immer einen Widerstand entgegensetzt. Die zweite Version des Gedichts hat dagegen jene leiernde Regelmäßigkeit, die ungeübte Leser an Versen schätzen; und da auch die Botschaft als sentimentale Tröstung empfunden werden kann, erfüllt sie die Erwartungen, die dem nun folgenden Gegenstand einen so großen Markt verschaffen.

# Der Kitsch

Er ist das wohl irritierendste Phänomen innerhalb der Kunstsphäre. Wäre mit ihm nur schlechte Kunst gemeint, brauchte man nicht weiter darauf einzugehen; denn da alle Wertkriterien stufenlos gradierbar sind, muss es immer Werke geben, die von geringerem Rang sind als andere. Das Problem ist aber, dass ein unvollkommenes oder möglicherweise gänzlich missglücktes Werk dem Kitsch sehr fern stehen kann, während daneben ein mit großer Kunst geschaffenes Werk ihm sehr nahe kommt. Was also ist Kitsch? Versucht man empirisch zusammenzutragen, was nach breitestem Konsens als kitschig bezeichnet wird, so sind es Werke der Musik, bildenden Kunst und Literatur, die mindestens eines der folgenden Merkmale aufweisen: Sie schwelgen in unreflektierten Gefühlen, werben unkritisch für Patriotismus, ergehen sich in frömmelnder Religiosität, geben seichte Gedanken als Tiefsinn aus, stellen gefühligen Irrationalismus als Wert dar, zeigen die Flucht in die Idylle als Ausweg, färben soziale Probleme schön und adeln das Banale durch Ästhetisierung.

Das Eigenartige an den genannten Merkmalen ist nun, dass jedes für sich einen in vielen Kunstwerken anzutreffenden positiven Kern bezeichnet, der durch etwas Negatives verfälscht wird. So ist beispielsweise Goethes *Werther* eine der gefühlvollsten Dichtungen und dennoch nicht Kitsch. Auch die Vaterlandsliebe, die aus Hölderlins *Gesang des Deutschen* spricht, wird man nicht so bezeichnen. Was die genannten Phänomene kitschig macht, ist offenbar eine spezifische Form der Verabsolutierung, die darin besteht, dass der betreffende Wert kritiklos propagiert wird. In einem Kitschroman taumelt kein Werther durch den Irrgarten seiner Gefühle, vielmehr versinken die Figuren und mit ihnen der Leser in den Gefühlen wie in Badewasser. Im Kitsch werden durch das Fehlen jeder kritischen Distanz alle irritierenden Probleme ausgeblendet. Was bleibt, ist eine schöngefärbte Wirklichkeit, kurz: eine heile Welt. Selbst wenn der Kitsch das Unheil zeigt, tut er es mit einer heilen, unproblematischen Wertordnung, sodass sogar das Leiden eines

Unschuldigen mit sentimentaler Lust genossen wird, da der mitfühlende Leser weiß, dass die Unschuld des Opfers ein fragloser Wert ist, mag die reale Welt noch so böse sein.

Aus dem Gesagten ergibt sich, dass Kitsch nicht eigentlich eine ästhetische, sondern eine ethische Kategorie ist; denn sein Wesen besteht in intellektueller Unaufrichtigkeit. Diese unterscheidet sich von der des alltäglichen Verhaltens dadurch, dass sie sich nicht gegen andere, sondern gegen den Kitschproduzenten und -rezipienten richtet. Kitsch ist geistiger Selbstbetrug mit ästhetischen Mitteln. Er will das Schöne, Wahre und Gute darstellen, und er tut es, indem er das Dargestellte schönt, Probleme auf einfache Wahrheiten reduziert und das Gute von Konflikten befreit. Kunst tut alles dies nicht. Sie zeigt das Menschliche in seiner ganzen Komplexität. Die reduzierende Vereinfachung wird hier vom Rezipienten *ästhetisch* durch das Erkennen der Form geleistet, während die inhaltliche Spannung unaufgelöst fortbesteht. Der Kitsch dagegen löst die Spannung *inhaltlich* auf. In ihm wird Erwartungslust nicht stillgestellt, sondern befriedigt; und Befriedigungslust wird nicht ritualisiert, sondern zum Zweck der Erbauung instrumentalisiert.

Das bedeutet eine Verlagerung aus der interesselosen Welt des Schönen in die des Angenehmen. Deshalb enden kitschige Romane, Dramen, Filme und Musikstücke nicht mit einer kathartischen Auflösung auf der Null-Linie, sondern mit einem Überschuss an positiven Gefühlen. Das ist der Grund, weshalb Kitsch süchtig macht. Wie eine Droge hilft er, an Stelle des interesselosen Wohlgefallens ein materielles Wohlbehagen herzustellen. Das wäre nicht weiter problematisch, wenn es nicht zu einer stetig zunehmenden Realitätsentfremdung führen würde, die die eigentliche Gefahr von Drogen ist. Am Ende halten Kitschkonsumenten den schönen Schein für Wirklichkeit, wodurch sie zu leichten Opfern jeder Art von Verführung werden. Der Nationalsozialismus hätte wohl kaum so viele Anhänger gewinnen können, wenn er sie nur mit seiner fragwürdigen Ideologie geködert hätte. Was die Massen hinriss, waren die grandiosen Kitschorgien der Aufmärsche, der Lichtdome, der sportlichen und militärischen Rituale, kurz: Es war der blendende Schein, den sie für Wirklichkeit hielten.

Das bisher Ausgeführte erklärt auch, weshalb der Kitsch erst spät in der europäischen Kultur auftrat. Serienproduktion von technisch perfekter, aber unorigineller Kunst gab es schon in der Antike, doch keinen Kitsch. Im Mittelalter fehlt er ebenfalls, obwohl hier im Unterschied zur Antike viel Unfertiges, Rohes und Dilettantisches entstand. Die Morgenröte des Kitsches zog erst nach der Renaissance herauf, als die zur Vollkommenheit gebrachte Kunst beliebig instrumentalisiert werden konnte. So wurde sie in der Zeit der Glaubenskriege bewusst und unbewusst zur Propaganda eingesetzt. Jetzt drang in die Malerei der verzückte Blick zum Himmel ein, der sich bald in einen schmachtenden verwandelte. Dem religiösen Kitsch des Barock folgte der Gefühlskitsch des 18. Jahrhunderts. Da das Gefühl jedem Menschen angeboren ist und nicht erst durch Bildung erworben werden muss, rangierte es in der Wertskala des aufsteigenden Bürgertums ganz oben. Deshalb erwartete man von der Kunst, dass sie es als Wert propagiert. Zur vollen Entfaltung gelangte der Kitsch aber erst in der Romantik. Da inzwischen die Religion ihre sinnstiftende Kraft verloren hatte, musste die Kunst ihre Aufgaben übernehmen. Das Bürgertum des 19. Jahrhunderts sah in ihr eine humanisierende, die Moral veredelnde und tiefe Wahrheiten transportierende Sache, der mit Bewunderung, Andacht, und Ehrfurcht zu begegnen war. Nirgendwo war die ideologische Überfrachtung der Kunst so ausgeprägt wie in Deutschland, weshalb es nicht verwundert, dass sich hier Kunst und Kitsch am stärksten durchdrangen. Spitzweg und Neuschwanstein sind keine Ausnahmeerscheinungen, sondern typische Beispiele eines Geschmacks, der im Erhabenen wie im Gemütlichen seine höchsten sittlichen Werte verkörpert sah. Deshalb ist es kein Zufall, sondern nur folgerichtig, dass das Wort ›Kitsch‹ in Deutschland aufkam und von den meisten westlichen Sprachen als Fremdwort übernommen wurde. Heute ist der Edelkitsch von einst weitgehend verschwunden, umso breiteren Raum nimmt der narkotisierende Kitsch ein, der dem Konsumenten die illusionäre Befriedigung seiner heimlichen und zunehmend unheimlichen Wünsche verschafft.

# Kunst und Wahrheit

Paradoxerweise verdankt der Kitsch sein Entstehen dem Umstand, dass der Kunst mehr zugemutet wird, als sie leisten kann. Der Kitschkonsument erwartet von der Kunst, dass sie Wahrheiten verkündet, Gutes bewirkt und die lebensweltliche Befindlichkeit der Menschen verbessert. Alles dies kann sie nicht. Als Quelle ästhetischer und kathartischer Lust gehört sie einer Spielsphäre der Freiheit an, die von der Welt der Zwecke abgelöst ist und sich selbst genügt. Es mutet höchst sonderbar an, dass ausgerechnet einer der schärfsten Kritiker des Kitsches, nämlich Adorno, die Kunst in genau der gleichen Weise überfordert. Bei ihm geht sie – wie schon bei Hegel, wenngleich mit »negativer Dialektik« – unter dem Joch der Wahrheit und damit des Guten. Eine Fuge von Bach, ein Bild von Paul Klee oder ein Gedicht wie Mörikes *Septembermorgen* verkünden aber weder Wahrheiten, noch bewirken sie ethisch Gutes. Sie sind einfach nur komplexe Gebilde, die es dem Rezipienten ermöglichen, eine affektive Wahrnehmungsspannung durch einen erlernten Reduktionsvorgang lustvoll aufzulösen.

So verstanden bewirkt Kunst das, was schon Aristoteles von der Tragödie erwartete, nämlich die Befreiung von Affekten, wobei der Akzent auf ›Befreiung‹ liegt. Das Kunsterlebnis macht frei, das Kitscherlebnis macht abhängig. Wer nun wie Adorno der Kunst die Bürde der Wahrheit auflädt, nimmt ihr diese befreiende Wirkung. Eine Kunst, die kritisch sein muss, ist genauso unfrei wie eine, die sich kritiklos unterwirft. Frei ist sie erst, wenn sie aus der Lebenswelt heraustritt in eine stillgestellte Sphäre, wo sie dem Menschen als das schlechthin Andere, als das in die Erscheinung geholte und eingefrorene Ziel seiner Affekte und damit als konkrete Utopie erscheint. Dabei ist *U-topos* hier wörtlich als *Nirgend-Ort* zu verstehen; denn Kunst holt nicht nur Wunschträume, sondern ebenso Alpträume in die Welt der Erscheinung und macht sie in der Spielsphäre erlebbar, ohne dass der Mensch die ethischen Folgen tragen muss. Demnach ist nicht Ethisierung, sondern im Gegenteil Ent-

Ethisierung das, worauf es in der Kunst ankommt. Desgleichen geht es in ihr nicht um die Übereinstimmung von Wissen und Wirklichkeit, also Wahrheit, sondern um eine Scheinwirklichkeit, die vom Zwang zur Wahrheit befreit ist. Kein Dichter hat dies überzeugender und schöner ausgedrückt als der Engländer John Keats in seiner *Ode on a Grecian Urn*, die darum hier in einer Übersetzung des Verfassers vollständig wiedergegeben werden soll.

*Ode an eine griechische Urne*

*Du noch unangerührte Braut des Schweigens,*
*Pflegkind der Stille und der trägen Zeit,*
*Des Walds Chronist, Du gibst durch Kunst des Zeigens*
*Erzähltem Süße, die kein Reim verleiht.*
*Welch laubgesäumte Sage sieht man ziehn*
*Um Dich von Göttern, Menschen oder beiden*
*In Tempeln, in Arkadiens Oasen?*
*Welch Männer, Götter? Mädchen, die sie meiden?*
*Welch wilde Jagd, wer sucht dort zu entfliehn?*
*Wer flötet, trommelt da? Was für Ekstasen?*

*Süß sind die Melodien, die man hört,*
*Doch süßer sind die ungehörten. Drum*
*Spielt weiter, Flöten; nicht das Ohr betört,*
*Dem Geist spielt Eure Lieder, schön und stumm.*
*O schöner Jüngling unterm Baum, der nie*
*Entlaubt sein wird, Dein Lied wird nie vergehn,*
*Und Du, o Liebender, kommst nie zum Kuss,*
*Dem Ziel so nah – doch traure nicht, denn sie*
*Welkt nie. Bleibt Dir versagt auch der Genuss,*
*Auf ewig liebst Du doch, und sie bleibt schön.*

*O seliges Gezweig, das nie verliert*
*Sein Laub und nie dem Frühling Abschied winkt,*
*Und selig der, der ewig musiziert*
*Und dessen Flötenweise nie verklingt;*
*Und Liebe, seliger als alles, Liebe!*
*Stets warm und voll Erwartung süßer Schauer,*

*Du ewig dürstende und ewig junge,*
*Hoch über der Befriedigung der Triebe,*
*Von der uns nur Erschöpfung bleibt und Trauer,*
*Die Stirne brennend, ausgedörrt die Zunge.*

*Wer sind die Menschen, die dort zum Altar*
*In frommer Andacht mit dem Priester schreiten?*
*Wem bringen sie die junge Färse dar,*
*Um deren Flanken sich Girlanden breiten?*
*Welch kleine Stadt am Fluss, vielleicht am Meer,*
*Oder am Berg im Schutz der Zitadelle,*
*Ist menschenleer zu frommer Morgenstunde?*
*Und, kleine Stadt, Du bleibst für immer leer,*
*Denn niemand kehrt zurück an seine Stelle,*
*Und was geschah, hörst Du aus keinem Munde.*

*O edle Haltung, attische Gestalt!*
*Marmorne Fraun und Männer ziehn als Band*
*Um Dich, geschmückt mit Zweigen aus dem Wald.*
*Du, stille Form, machst sprachlos den Verstand*
*Wie Ewigkeit. O kaltes Paradies!*
*Wenn dies Geschlecht dahingeht hochbetagt,*
*Wirst Du noch sein, im Meer des Leids ein Licht,*
*Ein stiller Freund, der zu den Menschen sagt:*
*»Schönheit ist Wahrheit, Wahrheit Schönheit« – dies*
*Ist alles, was Ihr wisst, mehr braucht Ihr nicht.*

(Übersetzung vom Verfasser)

Viele Interpreten meinen, dass die Schlusszeile die an den Leser gerichtete Botschaft des Dichters sei, der sich damit dem Spruch der Urne anschließt. Dann müsste man dies aber für eine höchst fragwürdige Botschaft halten; denn in der Mitte der letzten Strophe wird der Leser sehr unsanft aus dem Tagtraum einer der Zeit enthobenen pastoralen Utopie gerissen. »O kaltes Paradies« (im Original: *cold pastoral*) klingt nicht gerade wie ein Wunschbild, sondern eher wie das Gegenteil. Diese Unstimmigkeit löst sich schlagartig auf, wenn man annimmt, dass der Dichter die letzte Zeile zu den Figuren auf der Urne spricht, was dem Aufbau des Gedichts viel mehr entspricht. Wenn er das ganze Gedicht hindurch eben jene Figuren anspricht, weshalb sollte er sich dann auf einmal zum Schluss von ihnen ab- und dem Leser zuwenden? Auch die altertümliche Form »That is all ye know on earth, and all ye need to know« passt viel eher zu dem meditativen Gespräch mit der Urne als zu einer Botschaft an den Leser.

Folgt man der hier vorgeschlagenen Deutung, so verwandelt sich die anderenfalls fragwürdige Botschaft in eine tiefe Erkenntnis; denn nur in der Kunstwelt fallen Schönheit und Wahrheit zusammen (wobei das Gute noch hinzugedacht werden kann). Die Kunst kann den unwahren Schein und selbst das Unmoralische adeln, solange sie beides in ihrer stillgestellten und ritualisierten Sphäre hält. Tritt sie aus dieser Sphäre heraus und verkündet Botschaften, dann muss sie ihr Interesse in einer Welt von Interessen rechtfertigen. Eine Kunst, die Wahrheit verkünden und Gutes bewirken will, ist, wenn sie es direkt und damit unkünstlerisch tut, bestenfalls wirkungsvolle Propaganda. Wenn sie es aber künstlerisch versucht, endet sie unweigerlich im Kitsch.

Keats hat noch an anderer Stelle etwas über Dichtung und Wahrheit gesagt, das seitdem in der englischen Literaturwissenschaft als sein poetologisches Credo angesehen wird. In einem Brief an seine Brüder schreibt er über die Fähigkeit, die einen großen Dichter auszeichnet und die in seinen Augen Shakespeare in höchstem Maße besaß: »Ich meine jene *negative Fähigkeit*, die darin liegt, dass man imstande ist, sich in Ungewissheit, Geheimnis und Zweifeln zu bewegen, ohne gleich irritiert nach Fakten und vernünftigen Erklärungen zu greifen.« Er meint damit die bei Shakespeare besonders ausgeprägte Fähigkeit, Ja und Nein zur gleichen Zeit sagen zu können, indem dieser z. B. Macbeth als einen bewundernswerten Helden und zugleich als Verbrecher zeigt oder Hamlet sagen lässt:

> *Welch ein Meisterwerk ist der Mensch! Wie edel durch Vernunft! Wie unbegrenzt an Fähigkeiten! In Gestalt und Bewegung wie ausdrucksvoll und bewundernswert! Im Handeln wie ähnlich einem Engel! Im Begreifen wie ähnlich einem Gott! Die Zierde der Welt! Das Vorbild der Tiere! Und doch, was ist mir diese Quintessenz des Staubs? Der Mensch erfreut mich nicht; …* (2. Akt, 2. Szene; übersetzt vom Verfasser)

Solche Aussagen, die zwischen Ja und Nein changieren, sind die für Kunst und Dichtung spezifische Form der Wahrheitsaussage. Die Dichtung zeigt schuldbeladene Helden, die dennoch menschliche Größe haben; die Malerei verwandelt Folterszenen in schöne Kompositionen, die Musik singt Klagelieder, die wollüstigen Genuss bereiten. Das sind die charakteristischen Ambivalenzen der Kunst. Da sie der Lebenswirklichkeit mehr entsprechen als eineindeutige Wahrheitsaussagen, könnte man natürlich auch hier von Wahrheit sprechen. Doch man würde den Begriff dadurch verwässern. Ein Philosoph, der ambivalente Wahrheiten zulässt, zieht sich den Boden unter den Füßen weg. Die Kunst dagegen hat das Privileg, im Bewusstsein etwas auszulösen, das tiefer als die kognitive Opposition von wahr und unwahr liegt. Es mindert den Status dieser Sphäre nicht, wenn man sie im limbischen System unterhalb des Großhirns lokalisiert. Zwar muss die Wahrnehmung des Kunstwerks vom Kortex dekodiert werden, doch seine Wirkung entfaltet es unterhalb der rationalen Schicht. Insofern heilt die Kunst den Menschen im wörtlichen Sinne, indem sie ihn heil, d. h. ganz macht. Dabei geht es nicht, wie Schiller glaubte, um die Versöhnung von Sinnlichkeit und Sittlichkeit, sondern um das Transzendieren der binären Oppositionen von wahr/unwahr und gut/böse in einem Bereich, der nicht dem Diktat dieser Ordnungssysteme untersteht. Deshalb ist Kunst umso wahrer, je schwerer sich ihre Wahrheitsaussagen fassen lassen; und sie ist umso moralischer, je weniger sie moralisiert. Nur wenn man Kunst so auffasst, lassen sich Musik, bildende Kunst und Dichtung als Gegenstände der gleichen Klasse verstehen; denn wahr ist an einer Fuge von Bach oder einem abstrakten Bild von Mondrian nicht die Übereinstimmung von Aussage und Wirklichkeit, sondern die von Form und Wahrnehmung.

# Kriterien der ästhetischen Wertung

Jede Wertung enthält ein qualitatives und ein quantitatives Moment. Banal gesagt: Gold ist mehr wert als Silber, zwei Kilo Gold sind mehr wert als eines. Auch in der Kunst werten wir mit diesen zwei Maßstäben, von denen der erste die Kunsthaftigkeit, der zweite die Welthaltigkeit eines Werkes misst. Nach dem ersten Maßstab ist Goethes *Nachtlied* möglicherweise von höherem Rang als sein *Faust*, doch dieser ist zweifellos welthaltiger. Seine Welthaltigkeit zeichnet sich durch Tiefe des Einblicks in die *conditio humana* aus, während die eines realistischen Romans, z. B. Tolstois *Krieg und Frieden*, eher durch Weltfülle charakterisiert ist. Beides, Tiefe und Fülle, macht ein Kunstwerk *bedeutend*. Dennoch handelt es sich dabei nicht um ästhetische, sondern um ethische Kategorien; denn sie gelten auch für philosophische, wissenschaftliche und allgemein didaktische Werke. Was sie messen, ist eine substantielle Quantität, die dem Kunstwerk als Erfahrung oder Erkenntnis entnommen und als geistige Bereicherung erlebt wird, die aber nichts mit der Qualität seiner Kunsthaftigkeit zu tun hat.

Die Kunsthaftigkeit eines Werkes hat ihrerseits nichts mit dessen Bedeutung zu tun. Sie bezieht sich ausschließlich auf die ästhetische Qualität der formalen Gestalt. Bei der Betrachtung des *Je ne sais quoi* sagten wir, dass in klassischen Stilepochen diese Qualität in Richtung der Idealnorm gesucht wurde. Je näher ein Künstler der erahnten Norm kommt, umso weiter entfernt er sich von der durchschnittlichen Normalität der Natur und umso höher wird darum seine originale Leistung geschätzt. Der Maßstab ist der Grad der *Vollendung*. Sobald aber eine Stilepoche ein allgemeines Niveau hoher Vollendung erreicht hat, wird das Erreichen desselben nicht mehr als Abweichung von der Normalität erkannt und folglich nicht als Leistung anerkannt. Jetzt empfindet der Rezipient die immer gleiche formale Vollendung als unoriginell, steril und langweilig. Deshalb muss der Künstler nun versuchen, die ästhetische Qualität in der entgegengesetzten Richtung zu erhöhen, indem er durch Abweichung von der Norm *Originalität* beweist. Allerdings darf es sich dabei weder um ein bloßes Verfehlen der Norm, noch um einen willkürlichen Verstoß gegen sie handeln. Vielmehr muss das Werk eine neue Formensprache erkennen lassen, die mit der Grammatik der alten zu verstehen ist; sonst ließe sich die Komplexität der neuen Gestalt nicht reduzieren und der ästhetische Genuss bliebe aus. Das wiederum setzt ein Komplexitätsintervall voraus, das umso größer ist, je vollständiger durchgeformt das Werk ist. Vollständige Durchgeformtheit bedeutet aber Vollendung, nur eben in einer neuen Formensprache. Daraus folgt, dass Vollendung und Originalität untrennbar miteinander verbunden sind. Beide zusammen machen das *je ne sais quoi* eines Kunstwerks aus.

Das hier Ausgeführte gilt für alle Künste gleichermaßen. Auch in der Musik enthält ein Werk wie Beethovens Fünfte Sinfonie mehr Erlebnisquantität, also Weltfülle, als eine Fuge von Bach, selbst wenn diese genauso vollendet, wenn nicht vollendeter ist. Bilder wie Botticellis *Geburt der Venus* oder Rembrandts *Kreuzabnahme* sind wegen ihrer Erlebnisfülle bzw. -tiefe bedeutender als Dürers Aquarell eines Blaurakenflügels, doch an Vollendung steht dieser ihnen nicht nach; denn vollkommener wurde wahrscheinlich nie wieder ein Vogelflügel gemalt. Selbst in der Architektur, in der das semantische Moment der Bedeutung nahezu gänzlich fehlt, gibt es Quantitätsunterschiede. So dürfte unstrittig sein, dass das Straßburger Münster bedeutender ist als die möglicherweise vollendetere Kapelle von King's College in Cambridge, und dies nicht nur wegen des größeren Bauvolumens, sondern vor allem wegen des reicher gegliederten Baukörpers.

Vollendung und Originalität machen demnach die ästhetische Qualität eines Kunstwerks aus, während Fülle und Tiefe ihm Bedeutung verleihen. Die vier Parameter lassen sich auch auf die heutige Kunst anwenden; denn wenn bestimmte Werke aus der Dutzendware herausragen, dann deshalb, weil sie mehr Originalität erkennen lassen, und wenn einige sich dauerhaft durchsetzen, dann deshalb, weil sie dem Betrachter mehr zu sagen haben.

# Wie allgemein ist das ästhetische Urteil?

*De gustibus non est disputandum* (Über Geschmack lässt sich nicht streiten) war bereits bei den alten Römern eine Spruchweisheit. Das deutsche Sprichwort »Über Geschmack lässt sich streiten« meint das Gleiche, auch wenn es das Gegenteil zu behaupten scheint. Beides ist richtig, wie bereits Kant in der *Kritik der Urteilskraft* feststellte. Er meinte, dass das Geschmacksurteil einerseits aus allgemein menschlichen Funktionsweisen der Erkenntniskräfte hervorgehe und insofern allgemein sei, dass es andererseits aber »ohne Begriff«, also ohne die zwingende Kraft des Verstandes erfolge, so dass man die Zustimmung der anderen nicht einfordern könne. Man kann sie ihnen nur »zumuten« oder »ansinnen«. Es gilt also herauszufinden, welche Aspekte des Geschmacksurteils dazu berechtigen, anderen die Zustimmung »anzusinnen«, und welche auf der Gegenseite dazu führen, dass die Zustimmung in vielen Fällen versagt wird.

Was ist an einem Geschmacksurteil so allgemein, dass man die Zustimmung der anderen erwarten darf? Zuerst einmal die Tatsache, dass gewisse Wahrnehmungen von Lust oder Unlust begleitet werden und dass alle Menschen Lust anstreben und Unlust zu vermeiden suchen. Wenn es richtig ist, dass die Reduktion komplexer Wahrnehmungen auf weniger komplexe psychische Entlastung und damit Lust bewirkt, müsste dies bei allen Menschen so sein. Voraussetzung ist allerdings, dass sie zu dieser kognitiven Leistung imstande sind.

Wer eine Fuge von Bach hört, ohne die Bauform der Fuge zu kennen und ohne darin geübt zu sein, in schnellen Tonfolgen wiederkehrende Elemente wahrzunehmen, wird das Stück nur als eine verwirrende Sequenz von Tönen wahrnehmen, während er ein einfaches Stück Rockmusik mit einem monotonen Rhythmus und einem gleichbleibenden *sound* vielleicht als befriedigender empfindet.

Sein ästhetisches Urteil wäre dann ganz anders als das des Kenners klassischer Musik, aber es käme durch den gleichen Wahrnehmungsmechanismus zustande.

Die Ungeübtheit im Erkennen von Ordnungen komplexer Strukturen dürfte der Hauptgrund dafür sein, dass ästhetische Urteile oft so unterschiedlich ausfallen. In der Musik scheint noch hinzuzukommen, dass zu ihrer Wahrnehmung eine gewisse Begabung gehört, die man als Musikalität bezeichnet. Lehrer wissen aus Erfahrung, dass in Musik, Kunst, Fremdsprachen und Mathematik Spezialbegabungen zu beobachten sind, während in anderen Schulfächern die Leistung mit der allgemeinen Intelligenz korreliert. Doch selbst wenn die kognitive Fähigkeit zur Reduktion komplexer Wahrnehmungen bei zwei Personen völlig gleich ist, kann es immer noch zu unterschiedlichen Urteilen kommen; denn da die Wahrnehmungslust auf der Differenz zweier Komplexitätsstufen beruht, lassen sich leicht zwei Kunstwerke denken, die das gleiche Komplexitätsintervall aufweisen, die aber dennoch grundverschieden sind. Im einen Fall könnte eine hohe Komplexität auf eine mittlere, im andern eine mittlere auf eine sehr geringe Restkomplexität reduziert werden. Der eine schätzt nun vielleicht die Lust, die aus einer hohen Anfangsspannung freigesetzt wird, der andere die aus einer niedrigen. So genießt der erste ein Stück von Schönberg, der zweite eins von Mozart, wobei die Urteile verschieden ausfallen, doch die Prinzipien die gleichen sind.

Wie sieht es in der bildenden Kunst aus? Müsste hier nicht jeder Rubens' Bildnis *Le Chapeau de Paille*, das eine junge Frau mit Federhut darstellt, schöner finden als die Zigeunerin, die in den Rahmenabteilungen der Kaufhäuser angeboten wird? Der Grund, weshalb viele die vollbusige, aber schlanke Zigeunerin der üppigen, für den heutigen Geschmack zu dicken Rubensfigur vorziehen, ist aber einer, der nichts mit dem Kunstcharakter der Werke zu tun hat. Hier entscheidet nicht das interesselose Wohlgefallen am Schönen, sondern das interessevolle am Angenehmen. Nicht das Bild ist es, was dem Kunden gefällt, sondern die abgebildete Frau. Diese aber wird nach Kriterien des sinnlichen Begehrens und nicht nach denen der ästhetischen Wahrnehmung beurteilt. Um in einer gemalten Frau die Qualität des Gemäldes und nicht die Schönheit der Frau zu sehen, muss man durch Erziehung gelernt haben, Erwartungslust stillzustellen. Hat man das gelernt, wird man das besser gemalte Bild mit der weniger attraktiven Frau ästhetisch befriedigender finden.

Daraus lässt sich das folgende Fazit ziehen: Die Mechanismen der Wahrnehmung, die durch Stillstellung von Erwartungslust, durch Ritualisierung von Befriedigungslust und durch Reduktion von Komplexität ästhetische bzw. kathartische Lust hervorbringen, sind in allen Menschen die gleichen. Das Stillstellen, Ritualisieren und Reduzieren muss aber erst gelernt werden. Um es zu lernen, muss im Falle der Musik vermutlich eine spezielle Begabung, in allen anderen Fällen eine entsprechende Motivation vorliegen. Letztere ist von subjektiv-biographischen, also überwiegend zufälligen Bedingungen abhängig, so dass selbst bei gleichen Wahrnehmungsmechanismen und gleicher Übung zwei Menschen über den gleichen Gegenstand unterschiedlich urteilen können. Bei Kunstwerken mit gegenständlichen Inhalten kommt noch hinzu, dass auch das Interesse an den Inhalten von individuellen Lebenserfahrungen abhängt. Folglich werden sich Menschen trotz der Universalität ihrer Wahrnehmungsmechanismen über Geschmacksurteile streiten, wobei sie den natürlichen Drang verspüren werden, den andern von der Unhaltbarkeit seines Urteils zu überzeugen. Am ehesten werden sie sich über die Einschätzung der Vollendung eines Kunstwerks verständigen. Da aber nur das in der Kulturtradition lebendig geblieben ist, was schon seit Generationen als vollendet empfunden wird, und da auch in der Gegenwart nur das ans Licht der Öffentlichkeit gelangt, was das kritische Urteil von Lektoren, Galeristen und Dirigenten passiert hat, haben die Streitenden es meist mit Gegenständen von annähernd gleichem Vollendungsgrad zu tun. Der Streit wird deshalb vor allem um das gehen, was die Werke bedeutend macht. Das aber hat, wie wir ausführten, nur beiläufig etwas mit Ästhetik zu tun. So mag jemand die abstrakte Malerei ablehnen, eben weil sie nicht gegenständlich ist, doch wenn man ihm ein abstraktes Bild von Kandinsky und eins von einem Schulkind vorlegt, wird ihm das Erstere besser gefallen. Heftigen Streit gibt es unter Kennern in der Regel nur dann, wenn eine ganz neue Kunstrichtung auf den Markt kommt, für die sich noch kein Wahrnehmungsmuster herausgebildet hat.

# Die anthropologische Funktion der Kunst

Wenn *homo sapiens* zu allen Zeiten und in allen Erdteilen Kunst hervorgebracht hat, muss diese Aktivität für ihn einen evolutionären Vorteil bedeutet haben. Anders wäre nicht zu erklären, weshalb etwas, was soviel Energie von der Bewältigung des praktischen Lebens abzieht, sich so universal durchsetzen konnte. Um das zu verstehen, soll noch einmal auf unser Affektmodell zurückgegriffen werden. Dort wurden den vier Affekten die vier ästhetischen Leitwerte zugeordnet. Doch im realen Leben werden sich nur Philosophen und Intellektuelle solcher Werte bewusst. Für alle anderen ist das Ziel ihrer Affekte nicht das abstrakte Schöne, Erhabene, Groteske oder Pittoreske, sondern etwas Reales, das von den genannten ästhetischen Qualitäten begleitet wird. Was sind nun aber die vier Realitäten, auf die sich vier so verschiedene, allerdings lebenswichtige Affekte ausrichten?

Das, was den Appetenzaffekt am stärksten aktiviert, ist das andere Geschlecht. Bei großem Hunger mag vielleicht das Verlangen nach Nahrung stärker sein, doch ein Blick auf die Tierwelt lehrt, dass nicht um Nahrung, sondern nur um die Weibchen tödliche Kämpfe zwischen rivalisierenden Männchen ausgetragen werden. Der Inbegriff von Appetenz ist demnach die auf das andere Geschlecht gerichtete Libido. In der Gegenrichtung tut sich eine Welt auf, in der alles versammelt ist, was Ekel, Furcht und Abscheu hervorruft, also das, was ethisch als das Böse angesehen wird. Der Submissionsaffekt richtet sich auf das Übermenschliche, Unkontrollierbare und Unbegreifliche, kurz, das Numinose, während der Dominanztrieb auf das zwar Beherrschbare, aber noch Unbeherrschte zielt, also auf das Wilde, zu dessen Begriff es gehört, dass es noch nicht domestiziert ist, also keine Dominanz anerkennt.

Die vier genannten Sphären stellen die archetypischen Formen des schlechthin Anderen dar. Mit einem Begriff aus der Mentalitätsgeschichte der Amerikaner könnte man von den vier *frontiers* sprechen, gegen die sich der Mensch seit seiner Menschwerdung behaupten musste. Wer eine Grenze vor sich hat, ist bestrebt, sie zu sichern und weiter hinauszuschieben. Eben dies taten die Menschen im Laufe ihrer Geschichte unablässig. Sie zivilisierten das Verhältnis der Geschlechter zueinander, sie domestizierten das Wilde; gegen das Böse richteten sie ethische Normen auf und das Numinose sakralisierten sie zur Religion. An allen vier Grenzbefestigungen waren die Künste von Anfang an maßgeblich beteiligt. Dabei schöpften die »schönen« Künste ihr kreatives Potential vor allem aus der auf das andere Geschlecht gerichteten libidinösen Energie, wobei sie das schon bei den Tieren ästhetisch ausgeprägte Werbungsverhalten weiterentwickelten und zweckfreie Gegenstände schufen, deren Wahrnehmung Erwartungslust weckte. Die kulturellen Paradigmen dafür sind Schmuck und Ornament, die als Lockmittel das bewirken, was im Pflanzenreich durch die Blüte und im Tierreich durch den Balzschmuck erreicht wird. Die erhabenen Künste – Sakralskulpturen, Musik und Tragödie – halfen mit, die Grenze zum Numinosen zu befestigen. Ihre Paradigmen sind Tempel und Götterbild. Gegen das Böse wurden bannende Zeichen gesetzt, die es zugleich möglich machten, die Aversionsspannung als Lust zu erleben. Indem sie abstießen, übten sie magische Kraft aus, indem sie Sicherheit versprachen, konnnten sie mit Lust wahrgenommen werden. Das Paradigma dieser Grenzbefestigung ist die groteske Teufelsfratze. An der Grenze zum Wilden – der einzigen physischen Bedrohung, gegen die sich der Mensch physisch verteidigen musste – richtete er Zäune, Wälle und Mauern auf, die die Kunst in komplexe Gebäude umwandelte. Der Archetypus solcher Bauten ist jenes Labyrinth, das Dädalus schuf, um die Wildheit des Minotaurus in Schach zu halten.

Nachdem die bedrohten Grenzen befestigt waren, konnte nun an allen vieren die Abwehrspannung lustvoll erlebt werden. Deshalb übertrug sich das libidinöse Verhalten, das ursprünglich nur auf das andere Geschlecht gerichtet war, auf die drei anderen Bereiche, die in zunehmendem Maße erotisiert wurden. Es kann kein Zufall sein, dass die Grundform des griechischen Tempels und vieler anderer Tempel im Mittelmeerraum dem weiblichen Geschlechtsorgan nachgebildet ist: eine äußere Säulenreihe umschließt ein Vestibulum mit Altar und der dahinter liegenden Cella mit dem Allerheiligsten. Später hat die erotische Dichtung und die Pornographie ihrerseits die Analogie aufgenommen, was schon wegen der medizinischen Terminologie – Vestibulum für Scheidenvorhof – nahelag. Auch die Erotisierung des Grotesken ist uralt. Aus dem griechischen Mythos ist die Figur der hässlichen alten Baubo bekannt, die durch das Zeigen ihres Geschlechtsorgans die Männer in Bann schlug. Der ganze Bereich des Obszönen ist in diesem Grenzbereich des erotisierten Ekels angesiedelt. Das Wilde schließlich lag so sehr in der Nähe des begehrten anderen Geschlechts, dass es sich mit dessen Vorstellung eng verband. Zumindest in patriarchalischen Kulturen kannten die Männer neben ihrem Traumbild der gefügigen, unschuldig-naiven Frau immer auch die dämonische Frau, deren Wildheit sie fürchteten und zugleich begehrten.

Was heute von den meisten als die Hauptfunktion der Kunst angesehen wird, nämlich die Verschönerung der menschlichen Lebenswelt, war jahrtausendelang nur eine ihrer vier Aufgaben, und sicher nicht die wichtigste. Die kultische Integration des Numinosen, die Bannung des Bösen und die Domestizierung des Wilden waren für den Bestand der Menschheit zweifellos wichtiger. Dass diese drei Grundfunktionen heute kaum noch wirksam sind und dass auch die vierte, eben die der Ästhetisierung, inzwischen fraglich geworden ist, zwingt dazu, die Frage nach der anthropologischen Funktion der Kunst neu zu stellen. Allerdings ist der Wandel nicht erst jetzt eingetreten. Das Schwinden des Sakralen aus der Kunst setzte bereits mit Beginn der Neuzeit ein. Auch die bannende Kraft des Grotesken, von der noch die Wasserspeier der gotischen Kathedralen zeugen, ist danach stetig geschwunden. Die gegen das Wilde gerichtete zivilisatorische Kraft hat sich in der Romantik sogar umgekehrt. Seitdem versucht die Kunst, das Wilde zu bewahren, statt es zu domestizieren. Ja, die Kunst selber hat ihre Blickrichtung gewechselt. Sie schaut nicht mehr auf die Grenzen, die zu befestigen sie mithalf, sondern auf den Grenzbefestiger, den Menschen, dem sie den Spiegel vorhält.

Seit Darwin weiß die Menschheit, dass sie durch Evolution und Domestikation aus dem Tierreich hervorgegangen ist. Seit Freud weiß sie, dass sie das Wilde in Gestalt des Es noch in sich trägt. Deshalb verwundert es nicht, dass nach dem Erscheinen von Darwins epochemachendem Buch das Exotische zu einem beliebten Gegenstand der Kunst wurde und dass nach dem Aufkommen der Psychoanalyse die Kunst auch die *terra incognita* des Unbewussten zu erkunden begann. Hier war vor allem die erzählende Literatur noch einmal in der Situation, in der sie sich beim Aufkommen des bürgerlichen Romans im 18. Jahrhundert befand. Damals hatte die fiktionale Literatur einen großen Informationsbedarf zu stillen; denn der aus den religiösen und politischen Bindungen freigesetzte Bürger wollte wissen, wie es in den Köpfen anderer Menschen und in den gesellschaftlichen Schichten unter und über der eigenen aussah. Da es zu der Zeit weder eine wissenschaftliche Psychologie noch eine Soziologie gab, mussten die Romanautoren das Kartographieren der beiden neu entdeckten Kontinente übernehmen. Vor einer ähnlichen Aufgabe standen die Erzähler um die Jahrhundertwende.

Inzwischen ist aber die Welt restlos erforscht, und selbst das Unbewusste wurde von diversen psychotherapeutischen Schulen weitgehend kolonisiert. Eros, das Böse, das Numinose und das Wilde werden von der Wissenschaft erklärt, von der Technik kontrolliert und von der Politik verwaltet. Damit hat die Kunst – wie ihre einstige Schwester, die Religion – ihre traditionelle Aufgabe als Grenzbefestigerin verloren. Das dürfte der Grund dafür sein, dass sie in der gegenwärtigen Postmoderne ihre kritische, didaktische und aufklärerische Rolle fast ganz aufgegeben hat. Statt dessen versucht sie, innerhalb der vollständig rationalisierten Lebenswelt Freiräume zu besetzen, in denen sich jenes schlechthin Andere bewahren lässt, das zuvor jenseits der Grenze lag. Mit welchen Mitteln sie dies tut, wird Gegenstand des Schlusskapitels sein.

# Gibt es eine weibliche Ästhetik?

Unsere bisherigen Überlegungen zur Ästhetik orientierten sich an einer Kulturtradition, die entschieden patriarchalisch geprägt ist. Erst im Zuge des gegenwärtigen Feminismus ist die Frage nach einer weiblichen Ästhetik ins Blickfeld gerückt. Dass Frauen anders denken und fühlen als Männer ist eine Tatsache, die niemand bestreiten wird. Strittig ist nur, welche Unterschiede genetisch bedingt sind und welche durch ein gesellschaftlich aufgezwungenes Rollenklischee erworben werden. Noch in den siebziger Jahren neigte man dazu, die Rollenerwartung als den Hauptgrund der geschlechtsspezifischen Unterschiede anzusehen. Inzwischen ist es wieder erlaubt, auch den Genen ihren Anteil zuzugestehen. Manche der genetischen Unterschiede sind durch organische Befunde objektiv belegt. So ist beispielsweise das Gehirn der Frau weniger stark lateralisiert, d.h. ihre beiden Gehirnhälften sind nicht so scharf getrennt wie beim Mann. Der organische Grund dafür ist der erheblich größere Durchmesser des sogenannten Balkens (lat. *corpus callosum*), der die beiden Gehirnhälften miteinander verbindet. Diesem Umstand schreibt man es zu, dass Frauen sprachlich gewandter sind als Männer. Da das Sprachzentrum in der linken Hälfte lokalisiert ist, während die von den Wörtern bezeichneten Bewusstseinsinhalte auch in der rechten Hälfte gespeichert sind, geht der Austausch zwischen den beiden Hälften bei Frauen offenbar schneller und reibungsloser.

Während sprachliches und soziales Verhalten sich verhältnismäßig leicht messen und vergleichen lässt, ist dies bei ästhetischen Reaktionen nicht so einfach. Noch schwieriger ist es, letztere der organischen Hardware im limbischen System zuzuordnen, über das man sehr wenig weiß. Deshalb können hier nur einige vorsichtige Vermutungen geäußert werden. Wenn die Annahme richtig ist, dass sich die ästhetische Sphäre der menschlichen Kultur im Evolutionsprozess wesentlich aus dem zwischengeschlechtlichen Werbungsverhalten entwickelt hat, liegt die Vermutung nahe, dass beide Geschlechter auf Grund ihrer unterschiedlichen Interessen in diesem Verhaltenskomplex auch unterschiedliche Reaktionsweisen ausbilden mussten. Aus Sicht der modernen Soziobiologie besteht das fundamentalste Bestreben aller Lebewesen darin, ihre Gene an Nachkommen weiterzugeben. In diesem Bestreben müssen Männer und Frauen gleich sein. Unterschiedlich sind dagegen ihre jeweiligen Chancen. Ein Mann könnte zum Beispiel mit fünfzig Frauen fünfzig Nachkommen pro Jahr zeugen; eine Frau dagegen brächte es selbst mit fünfzig Männern nur auf ein Kind, im äußersten Fall auf eine Mehrlingsgeburt. Aus diesem Grund sind bei beiden zwei grundsätzlich verschiedene Verhaltensmuster zu erwarten. Für den Mann ist es, evolutionär gedacht, von Vorteil, möglichst viele Frauen zu umwerben und sie gegen mögliche Rivalen abzuschirmen. Die Frau dagegen wird sich unter den Bewerbern nur einen auswählen, und zwar denjenigen, der für die Aufzucht ihrer Nachkommen die besten Voraussetzungen mitbringt. Das wird derjenige sein, dem es gelingt, alle Rivalen in die Flucht zu schlagen; denn das ist der Beweis für die Überlebenskraft seines eigenen Erbmaterials.

Für das Werbungsverhalten des Mannes sind demnach alle vier Affekte erforderlich. Angetrieben von sexueller Appetenz muss er durch Imponiergehabe Dominanz beweisen und gegenüber seinen Rivalen Drohverhalten zeigen. Darüber hinaus muss er im Falle einer Niederlage imstande sein, Demut gegenüber dem Sieger zu zeigen, um zu überleben. Da eine Niederlage aber zuerst einmal mit heftigen Unlustgefühlen verbunden ist, ist eine natürliche Disposition zur Umwandlung solcher Unlust- in Lustgefühle anzunehmen. Mit anderen Worten: beim Mann besteht die latente Tendenz, misslungene Dominanzversuche ins Positive zu wenden, also zu sublimieren. Wenn nun nach unserer Hypothese Kultur aus der Stillstellung und Ritualisierung ursprünglicher Affekte hervorgegangen ist, gäbe es in der beschriebenen Situation vier denkbare Formen stillgestellter Lust: Appetenz ohne Inbesitznahme, Dominanz ohne Anstrengung, Submission ohne Demütigung und Aversion ohne Aggression. Die jeweils hinzugefügte Einschränkung ist nötig, weil ohne sie die genannten Affekte je nach Erfolg oder Misserfolg nur zu einem momentanen Lust- bzw. Unlusterlebnis führen würden. Folglich ist im männlichen Verhalten ein Sublimationsbedürfnis für alle vier Affekte und damit die Ausbildung der vier ästhetischen Grundrichtungen angelegt.

Ein ganz anderes Verhaltensmuster ist bei Frauen zu erwarten. Ihr Anteil am Werbungsverhalten beschränkt sich auf das Aussenden von Attraktionssignalen. Ansonsten müssen sie weder Dominanz beweisen noch Rivalen in die Flucht schlagen; und Submission zeigen sie nicht nach einer Niederlage, sondern im Gegenteil nach der erfolgreichen Wahl des stärksten Bewerbers, dem sie sich hingeben. Das heißt aber, dass es für sie nur einen sublimationsbedürftigen Affekt gibt, nämlich den der Appetenz im Fall des Verschmähtwerdens. Dass sich im Werbungsverhalten der Frauen Appetenz und Submission eng verbinden, wird durch empirische Befunde bestätigt. Untersuchungen haben ergeben, dass Männer und Frauen an den jeweils andersgeschlechtlichen Partner bestimmte Erwartungen richten, von denen die folgenden bei beiden Geschlechtern die gleiche abnehmende Rangordnung einnehmen:

1. nett – verständnisvoll
2. verträglich
3. gesund
4. attraktiv
5. künstlerisch-intelligent
6. aufregende Persönlichkeit
7. Konservativität
8. Religiosität

Eingestreut in diese Rangfolge sind aber drei Merkmale, die bei beiden Geschlechtern in umgekehrter Reihenfolge genannt werden.

| Von Männern: | Von Frauen: |
|---|---|
| sexy | Dominanz |
| Häuslichkeit | Häuslichkeit |
| Dominanz | sexy |

Dass Frauen dominante Männner so hoch schätzen, spricht dafür, dass sie dem Manne gegenüber selbst im Zeitalter der Emanzipation noch immer eine Submissionshaltung einnehmen. Damit tun sie nichts anderes als das, was soziobiologisch im Interesse ihrer Gene liegt. Das wiederum lässt vermuten, dass Frauen in der submissiven Hingabe an den Mann reale Befriedigung finden, während für den Mann Submission nur in ritualisierter Form befriedigend ist, beispielsweise beim Militär, in der Kirche oder in einem Sinfonieorchester.

Die bisher entwickelte Hypothese würde erklären, weshalb Frauen sich an den appetenzsublimierenden Künsten wie Malerei und fiktionaler Dichtung beteiligt haben, während sie auf den Feldern sublimierter Aversion, wie z. B. Karikatur und Satire, nur schwach vertreten sind und auf dem Gebiet der Musik und Tragödie gänzlich fehlen. Die letztgenannten Künste sublimieren den Submissionsaffekt; sie ziehen den Hörer und Zuschauer in einen orgastischen Erregungsablauf hinein, der zur Auflösung der Individualität in einem kollektiven Erlebnis tendiert. Die Malerei dagegen dient, von wenigen Ausnahmen abgesehen, durchweg dem Schönen, das der Betrachter mit sehnendem Verlangen begehrt, an das er sich aber nicht verliert. Das Gleiche gilt für die Epik, wo allein schon die Präsenz des Erzählers dafür sorgt, dass sich der Leser oder Hörer nie ganz an das Erzählte verliert. Auch in der Lyrik ist eine solche Hemmung wirksam, nämlich durch die komplexe Form, die sich gegen den unmittelbaren orgastischen Genuss sperrt. Unter den dramatischen Formen weist nur die Komödie eine ähnlich Sperre auf; denn ohne innere Distanz könnten wir über Komik nicht lachen.

Ist es Zufall oder hat es geschlechtsspezifische Gründe, dass sich Frauen an allen Künsten der Appetenzlust beteiligt haben, während sie in Musik und Tragödie, die auf der Klaviatur der Submissionslust spielen, auffällig fehlen? Feministinnen sehen die Ursache dafür in der sozialen Unterdrückung, was sicher zum Teil zutrifft. Doch reicht dies als Erklärung nicht aus; denn wenn es männlichen Musikern aus der sozialen Unterschicht gelang, zur Weltspitze aufzusteigen, dann hätte dies erst recht Frauen der privilegierten Mittel- und Oberschicht gelingen müssen, zumal in deren Ausbildung gerade die Musik eine große Rolle spielte. Bedenkt man, dass es immer ebenso viele Frauen wie Männer gab und dass sie, zumal im christlichen Abendland, über große Zeiträume hinweg rezeptiv und ausübend an der Musik beteiligt waren, muss ihr geringer produktiver Beitrag andere Gründe haben. Da sie, wie die Kulturgeschichte zeigt, alle künstlerischen Techniken lernen konnten, lässt sich ihre fehlende Produktivität nur dadurch erklären, dass sie nicht das Bedürfnis verspüren, die beim Mann offensichtlich stärker ausgeprägten Dominanz-, Submissions- und Aversionsaffekte ästhetisch zu sublimieren. Statt dessen waren und sind sie mit großen Leistungen in den darstellenden Künsten präsent, die durch Sublimierung des Attraktionsverhaltens aus dem appetitiven Affektbereich hervorgegangen sind. Seitdem sich in der Postmoderne auch in den anderen Künsten der Akzent immer stärker vom werkbetonten zum performanzorientierten Schaffen verlagerte, hat bezeichnenderweise auch der Anteil der Frauen zugenommen.

Unsere hier angestellte theoretische Vermutung wird durch die empirischen Daten der Kulturgeschichte weitgehend bestätigt. Der Erklärungsversuch lässt sich sogar noch einen Schritt weiter treiben. Wenn oben gesagt wurde, dass der weibliche Anteil am Werbungsverhalten weniger sublimationsbedürftig sei, dann gilt das nur bei völliger Passivität, was bei höheren Tieren und bei Menschen auf niedriger Kulturstufe für die weibliche Seite zutrifft. Die Entwicklung der Mode zeigt aber, wie sich im Laufe der Kulturgeschichte die spezifischen sexuellen Werbungssignale immer mehr von der Seite des Mannes auf die der Frau verlagerten. In dem Maße, in dem sich Frauen für Männer zu schmücken (oder zu entblößen) begannen, entwickelten sie auch ein Konkurrenzverhalten gegenüber Nebenbuhlerinnen. Da dies aber, anders als bei Männern, normalerweise nicht zu direkter Aggression führt, bestehen ihre Niederlagen ausschließlich im Verschmähtwerden. Das wiederum lässt eine Disposition zu fiktionaler Wunscherfüllung erwarten. Genau das ist eine Domäne der Frauen seit dem Aufkommen des bürgerlichen Romans. Besagte Disposition ist übrigens erst recht bei einer gänzlich passiven Rolle der Frau im Werbungsverhalten zu erwarten; denn wenn sie auf den realen Vorgang keinen Einfluss nehmen kann, bleibt ihr nur die Möglichkeit, ihn als Fiktion zu imaginieren.

# Geschmack und Gesellschaft

Die Fähigkeit, komplexe Wahrnehmungen zu reduzieren und daraus Lustgewinn zu ziehen, ist allen Menschen angeboren, ebenso die zur Stillstellung und Ritualisierung von Lust, wenngleich Stärke und Differenzierung beider Fähigkeiten je nach Begabung und Ausbildung variieren können. Doch auf welche Wahrnehmungsinhalte sich die Fähigkeiten richten, hängt weitgehend vom Wertesystem der jeweiligen Gesellschaft ab. In unserer Untersuchung wurde bereits mehrfach auf sozialhistorisch erklärbare Dispositionen hingewiesen, so z. B. bei der unterschiedlichen Gewichtung von Vielfalt und Einheit in der deutschen und englischen Kultur. Während sich in England im Laufe des 18. Jahrhunderts der Akzent stetig von der Einheit zur Vielfalt verschob, lässt sich in Deutschland die umgekehrte Verschiebung von den Teilen hin zur Einheit des Ganzen beobachten. Der geschmackliche Ausdruck dieser Tendenz ist die Bevorzugung des Erhabenen, die seit der Klassik ein Charakteristikum der deutschen Kultur ist. Vorher waren die Deutschen in den Augen des Auslands ein lebenslustiges, wenngleich etwas derbes und ungehobeltes Volk, dessen Humor sogar im französischen Wortschatz Spuren hinterlassen hat, nämlich die Wörter *l'espiègle* (›Schelm‹) und *calembour* (›Kalauer‹), die auf Till Eulenspiegel bzw. den Pfaffen von Kahlenberg zurückgehen. Seit der Klassik aber gelten die Deutschen als ein ernstes, humorloses Volk, für das nicht Eulenspiegel und Reineke Fuchs, sondern Faust und Künstler wie Hölderlin, Beethoven, Brahms und Wagner sowie Denker wie Kant und Hegel als typisch empfunden werden.

In der Ausbildung der deutschen Mentalität spielen drei Begriffe eine zentrale Rolle, die bezeichnenderweise in England gänzlich fehlen: der politische Staatsbegriff, der philosophische Totalitätsbegriff und eben die ästhetische Norm des Erhabenen. Während das englische Denken stets darauf gerichtet war, dem Einzelnen innerhalb des Ganzen den größtmöglichen Freiraum zu sichern, sehnten sich die Deutschen nach einem politischen Ganzen, das ihnen

Schutz sowohl gegen äußere Feinde als auch gegen innere Willkürherrschaft bot, weshalb sie bereit waren, ihm einen Teil ihrer persönlichen Freiheit zu opfern. Dank der Insellage und einer jahrhundertelangen parlamentarischen Tradition konnten es sich die Engländer leisten, dem Staat gegenüber misstrauisch zu sein und ihn möglichst schwach zu halten, während die Deutschen, die wegen ihrer offenen Grenzen ständigen Angriffen von außen ausgesetzt waren und im Innern absolutistisch regiert wurden, ihr Ideal in einem metaphysisch begründeten Staat sehen mussten, der vom Herrscher wie von den Beherrschten die gleiche Unterwerfung verlangte. Die ästhetische Entsprechung dafür ist das Erhabene.

Es ist bezeichnend, dass der englische Kulturkritiker Matthew Arnold seinen Landsleuten vorwarf, dass ihnen der Staatsbegriff fehle und dass sie deshalb keinen Sinn fürs Erhabene hätten. Ihre Grundhaltung sei vielmehr durch das genaue Gegenteil geprägt, durch die Liebe zum *bathos*. Das griechische Wort, das ›Höhe‹ oder ›Tiefe‹ bedeutet, bezeichnet den unfreiwilligen wie den absichtlichen Absturz vom Erhabenen ins Lächerliche. Schon die Tatsache, dass die Deutschen das Wort nicht in ihren Fremdwortschatz übernommen haben, zeigt an, dass sie dem bezeichneten Phänomen wenig Bedeutung beimaßen. Umgekehrt lässt Arnolds Vorwurf erkennen, dass das Herabziehen des Erhabenen ins Lächerliche eine besondere Vorliebe der Briten, ja, geradezu ihr nationales Laster ist; denn ihr ästhetisches Ideal ist, wie gezeigt wurde, das Pittoreske, das dem Einzelnen innerhalb des Ganzen seine Individualität lässt und diese Regellosigkeit zur ästhetischen Lustquelle macht. Sozialhistorisch erklärbar ist auch das phasenweise Auftreten und Verschwinden tragischer Dichtung. In seinem Buch *Die Tragödie. Theorie und Geschichte* hat der Verfasser dies ausführlich dargelegt.

Das Ästhetische ist, wie gezeigt wurde, immer nur eine Begleiterscheinung der Wahrnehmung. Deren Motivation wird dagegen wesentlich durch gesellschaftliche Wertungen gesteuert, vor allem durch die Nützlichkeit oder den Statuswert des wahrgenommenen Sachverhalts. Beides verändert sich je nach der Interessenlage der dominanten Gesellschaftsschichten. Neben makrosozial erklärbaren Veränderungen des ästhetischen Verhaltens gibt es solche, die im Kleinen erkennen lassen, dass der Geschmack durch Statusdenken gelenkt wird. Auf den Wandel bei der Bewertung von Sonnenbräune wurde bereits hingewiesen. Ebenso offensichtlich ist die ästhetische Wertschätzung langer Fingernägel; denn sie dokumentieren, dass die Trägerin nicht mit den Händen arbeiten muss. Gänzlich willkürlich sind die von Jahr zu Jahr neu kreierten Vorgaben der Mode, die zuerst als bloße Statuszeichen übernommen und bald darauf so verinnerlicht werden, dass sie vielen Menschen wirklich gefallen. Dem stehen die epochalen Veränderungen der Mode gegenüber, die nicht durch Modeschöpfer, sondern durch die Statusinteressen der geschmacksbestimmenden Schichten bestimmt werden. Dass im 18. Jahrhundert der große Umschwung von der prunkvollen Kleidung des Hofes zur einfachen Kleidung des Bürgers einsetzte – was wiederum in England geschah –, hat natürlich etwas mit dem Aufstieg des Bürgertum zu tun, das nach einem Stil verlangte, der dem eigenen Geldbeutel angemessener war. Gleiches gilt für die Wohnungseinrichtung. So dienten die auffällig sparsam möblierten Räume der Renaissance der Repräsentation von Aristokraten, die Herrschaftsgebiete ihr eigen nannten und darum nicht mit vollgestopften Wohnungen protzen mussten. Der Besitzbürger des 19. Jahrhunderts dagegen konnte seinen Kontostand nur durch eine Überfülle von Mobiliar und Kunstschätzen in seiner Wohnung sichtbar machen.

Auch politische Überzeugungen können den Geschmack bestimmen. So haben die Amerikaner seit Gründung der USA eine auf Freiheit und Gleichheit ausgerichtete romantische Kultur, in der das aristokratieverdächtige klassische Element auffällig fehlt. Dennoch überwiegt in ihrer frühen Architektur der Klassizismus, in dem sie aber das Erbe des demokratischen Athen und der römischen Republik sahen, während sich der formal sehr ähnliche Klassizismus der englischen Aristokratie auf das Rom des Kaisers Augustus berief. Offensichtlich hängt die Wahrnehmung der Formen von anthropologischen Grundkonstanten ab, ihre Bewertung dagegen von ideologischen Positionen.

# Kunst heute

Wer die zeitgenössische Kunst in allen ihren Formen und Gattungen vor dem geistigen Auge Revue passieren lässt, wird sich des Eindrucks nicht erwehren können, dass sich in ihr kein gewöhnlicher Stilwandel, sondern eine fundamentale Veränderung des Kunstbegriffs ausdrückt. Allerdings ist bei solchen Vermutungen Zurückhaltung geboten; denn den gleichen Eindruck hatte auch schon das kunstinteressierte Publikum am Anfang der klassischen Moderne. Damals schockierten Dichter wie T. S. Eliot oder Gottfried Benn ihre Leser, indem sie ihnen Gedichte vorlegten, die nicht mehr im vertrauten Belcanto der Klassik und Romantik, sondern in einem harten, ironisch verfremdeten Ton zu ihnen sprachen und deren Form statt der erwarteten Ganzheit ein Ensemble aus zusammengefügten Splittern zu sein schien. Auf die gleiche Weise enttäuschten die kubistischen Maler das an klassische Schönheit gewöhnte Publikum, indem sie Körper wie aus Bauklötzen zusammenfügten. In der Musik gab es statt der erwarteten orgastischen Auflösung kunstvoll aufgebauter Spannungen Schönbergs Zwölftonmusik, die eben dieses Prinzip zerstörte und damit dem schwelgerischen Genuss ein Ende setzte.

Alles dies scheint auf eine Zertrümmerung des tradierten Kunstbegriffs hinzudeuten. Und doch blieb auch die klassische Moderne dem uralten Prinzip von Vielfalt in der Einheit treu, das dem Rezipienten weiterhin die Möglichkeit bot, Komplexität zu reduzieren und in ästhetischen Genuss umzuwandeln. Deshalb war es möglich, dass das Publikum sich nach anfänglicher Ablehnung doch mit der Moderne anfreundete. Seitdem hängen Drucke von Picasso an Zimmerwänden, wo früher welche von Dürer oder Rembrandt hingen; sie hängen dort, nicht um Modernität zu dokumentieren, sondern weil sie ihren Besitzern gefallen. Viele Hauptvertreter der Moderne – z. B. Picasso, Chagall, Klee, Miró, Dalí, Max Ernst bis hin zu Vasarély – rufen inzwischen im Museumsbesucher diese spezifisch ästhetische Reaktion des Gefallens hervor.

Ganz Ähnliches geschah in der Musik. Zwar hat Schönbergs Zwölftonmusik das Publikum nicht wirklich erreichen können, doch Strawinsky, Hindemith und Bartok wurden nach anfänglichen Widerständen durchaus angenommen und werden von vielen Konzertbesuchern heute wirklich genossen. Nicht anders war es in der Literatur. Wenngleich Joyce sicher nicht der Lieblingsautor der gebildeten Leser wurde, wird er doch von vielen mit ästhetischem Genuss gelesen, ebenso Faulkner, Dos Passos, Thomas Mann und viele andere. Alle genannten Autoren, Musiker und Künstler haben in ihrem Schaffen zwar mit den Regeln der vorgefundenen Tradition gebrochen, doch dem oben genannten Fundamentalprinzip blieben sie treu. Nicht so in der zeitgenössischen Kunst. Sie will mit einer ganz anderen Ästhetik wahrgenommen werden. Beim größten Teil zeitgenössischer Kunst, Musik und Literatur sucht man nach der Möglichkeit von Reduktion sowie nach dem Erlebnis stillgestellter und ritualisierter Lust vergebens. Was tritt dann aber an die Stelle der beiden Lustquellen, die jahrhundertelang den Kunstgenuss der Menschheit bestimmt haben? Leichter als diese Frage ist die andere zu beantworten, weshalb die heutige Kunst die traditionelle Ästhetik überhaupt so vollständig aufgegeben hat. Wenn es richtig ist, was früher ausgeführt wurde, dass nämlich im Kunstwerk zur ästhetischen Wirkung noch das *je ne sais quoi* kommen muss, dann dürfte klar sein, weshalb die Kunst das nicht mehr mit den Mitteln der ästhetischen Lust erreichen kann: Diese wird so vollständig von der Werbung vereinnahmt und kommerzialisiert, dass es schlechterdings unmöglich ist, stillgestellte Erwartungslust hervorzurufen, ohne dass diese sogleich die durch die Werbung eingeschliffenen Appetenzmechanismen in Gang setzt.

Das Gleiche gilt für die Befriedigungslust. Ihr physiologischer Archetypus ist der Orgasmus. Der aber ist seinerseits das Modell für die gesamte Konsumwirtschaft. Schon das Verschwinden des mittelalterlichen Askese-Ideals hatte zu einer schlagartigen Zunahme kathartischer Kunstformen geführt. Musik, Theater und später der Roman sind spezifische Kunstformen der Neuzeit, während es im Mittelalter mit großem Abstand die Architektur und die sakrale bildende Kunst war. Doch der ästhetische Formzwang, der die Kunst bis zum Ende der Moderne beherrschte, ersetzte das Askese-Ideal und sorgte dafür, dass Befriedigungslust in Kunstwerken ritualisiert werden konnte. Heute aber, wo dem allgemeinen Hedonismus nichts mehr entgegensteht und der sexuelle Orgasmus das ist, worauf im direkten wie im metaphorischen Sinn alle ökonomischen Aktivitäten abzielen, gibt es für ritualisierte Befriedigungslust keinen kulturellen Ort mehr. Folglich muss die Kunst für die beiden ästhetischen Grundformen, die alle Hochkulturen von ihrem Beginn bis zu ihrem jetzt eingeläuteten Ende geprägt haben, Ersatz finden. Aber wie kann sie das?

## Verweigerung von stillgestellter Erwartungslust

Was dem Publikum wohl am unmittelbarsten an der Gegenwartskunst auffällt, ist, dass sie nicht mehr gefällt und offenbar auch gar nicht gefallen will. Im Gegenteil, sie scheint alles darauf anzulegen, das Gefallen bewusst zu vermeiden. So werden in der bildenden Kunst Materialien eingesetzt, die nicht nur als unschön, sondern geradezu als abstoßend und geschmacklos empfunden werden, z. B. Fett, Müll, Schrott, grelle Farben und Plastik. Moderne Theaterregisseure machen es sich zum Prinzip, den Geschmack des Publikums zu verletzen, indem sie Müll auf der Bühne verteilen und die Schauspieler mit Kartoffelsalat um sich werfen lassen. Selbst da, wo Künstler die Geschmacklosigkeit nicht ganz so weit treiben, ist die Verweigerung ästhetischer Lust für die gegenwärtige Epoche typisch. Nicht nur die Kunst, sondern die gesamte Alltagskultur der Postmoderne weist Züge auf, die früher als geschmacklos und hässlich bezeichnet worden wären. Die formlosen Tanzorgien der Raver, die provokative Geschmacklosigkeit der Punks und der allgemeine Schmuddel-Look, den viele Jugendliche kultivieren, sind nur einige Beispiele dafür, dass das, was einst als schön galt und auf die Erregung von Appetenzlust abzielte, immer mehr dem Prinzip des Auffallens durch das entgegengesetzte Mittel des Abstoßens weicht. Offensichtlich gilt die allgemeine Ablehnung normativer Zwänge auch der Norm des Schönen. Statt dessen wird das durch keinen Formzwang gehemmte Ausleben der Individualität angestrebt.

## Verweigerung von ritualisierter Befriedigungslust

Das zweite durchgängige Merkmal der Gegenwartskunst ist ihre Verweigerung kathartischer Lust. Das erste Werk, das dies geradezu paradigmatisch tat, war Becketts *Warten auf Godot*, wo die unaufgelöste Spannung darin zum Ausdruck kommt, dass der erwartete Herr Godot nicht erscheint. Beckett hat dieses Prinzip in allen späteren Stücken beibehalten, in denen durchgängig an die Stelle des traditionellen Schemas von steigender und fallender Handlung mit abschließender Katastrophe oder komischem Dénouement ein Ablauf von unerbittlicher Gleichförmigkeit tritt. Eine Vorstufe dazu findet sich bereits in Brechts epischem Theater. Schon hier wurde die Ablehnung des orgastischen Schemas der aristotelischen Poetik zum Programm erklärt, so dass die übliche, auf Spannung und Entspannung beruhende affektive Befriedigung nicht mehr eintreten konnte. Doch an ihre Stelle setzte Brecht immerhin noch die kognitive Befriedigung eines Erkenntnisvorgangs. Die zeitgenössische Kunst verweigert auch diese.

Am auffälligsten ist das Verschwinden des Kathartischen dort, wo es zuvor die *raison d'être* war, in der Musik. Auch wenn nicht alle modernen Komponisten so weit gehen wie die Vertreter der aleatorischen Musik, die das Prinzip der Zufallsverteilung an die Stelle der strengen Symmetrie von Spannung und Entspannung setzten, ist doch das Fehlen eben dieses Orgasmusschemas der Grund, weshalb das Publikum sich so selten dafür erwärmen kann. Bei einer Sinfonie Beethovens haben die meisten das Gefühl, dass der letzte Akkord des Finales auch wirklich der letzte sein muss, und bei Bruckner glaubt man förmlich zusehen zu können, wie in mehreren Anläufen die Spannung aufgebaut wird, bis sie endlich den kritischen Wert erreicht hat und in die Auflösung übergehen kann. Bei zeitgenössischer Musik dagegen bleibt der Zuhörer oft bis zuletzt im Ungewissen, wann das Stück zu Ende ist. Es gibt sogar Kompositionen für Klavier, die das Ende dem Zufall überlassen. Auf dem Notenblatt stehen auskomponierte Teilstücke, von denen der Pianist immer das spielen soll, worauf gerade sein Blick fällt. Beendet ist das Stück dann, wenn sein Blick zweimal nacheinander auf das gleiche Teilstück fällt. So kann das Stück schon nach Sekunden zu Ende sein, es kann aber auch stundenlang weitergehen. Vollendet ist es, wenn es durch unmittelbare Wiederholung des Gleichen in sich selbst zurückkehrt.

## Zitat, Selbstreferenz und Rekursivität

Zu den charakteristischsten Merkmalen der postmodernen Literatur gehören das Zitieren anderer Werke und die Vorliebe für Metafiktion. Das Zitieren war bereits ein Kennzeichen der klassischen Moderne. So finden sich in der Musik Strawinskys, in den Bildern Picassos und in T. S. Eliots *The Waste Land* zahlreiche Zitate aus anderen Werken der betreffenden Kunst. Joyces *Ulysses* mutet sogar wie ein riesiges, kunstvoll geordnetes Mosaik aus Zitaten an. Während in früheren Zeiten die Aneignung der Tradition durch bewusste Anlehnung an Vorbilder oder durch eine erklärte Renaissance erfolgte, sah die Moderne in der Überlieferung nur noch einen Steinbruch, aus dem beliebig zitiert werden konnte. In der Postmoderne wurde daraus ein artifizielles Spiel, bei dem zu den Fremdzitaten noch metafiktionale Selbstreferenzen hinzukamen. Man versteht darunter eine Erzählweise, bei der der Erzählvorgang sich auf sich selbst bezieht und sich in den Erzählstoff einarbeitet. Romane, in denen der Erzähler über das Erzählen räsonniert, gab es schon früher. Berühmtestes Beispiel ist Laurence Sternes *Tristram Shandy*. Doch erst in der Postmoderne wurde daraus ein obsessiv wiederkehrendes Prinzip. Der Erzählvorgang rückt hier so sehr ins Zentrum des Erzählens, dass das Referentielle – also die außerfiktionale Welt, auf die ein Roman Bezug nimmt – radikal in Frage gestellt wird.

Aus Frankreich drang in die literarische Terminologie der von André Gide geprägte Begriff des *mise en abyme* ein. Er bezeichnet ein Erzählverfahren, bei dem sich der Erzählvorgang plötzlich wie ein Abgrund (*abyme*) öffnet und darin ein Ereignis zeigt, in dem sich das Erzählte wiederholt. Gide hatte den Begriff für seinen eigenen Roman *Die Falschmünzer* geprägt, in dem eine Figur auftritt, die einen ähnlichen Roman wie *Die Falschmünzer* schreibt. Das Prinzip erinnert an das bekannte Bild von M. C. Escher, wo eine Hand eine Hand zeichnet, die sich selber zeichnet. Inzwischen ist das Prinzip so weit verbreitet, dass man es als ein Erkennungsmerkmal postmoderner Literatur ansehen kann.

Immer wieder stößt man in Romanen auf rekursive Schleifen, in denen sich die Erzählung auf sich selbst zurückwendet. Bei solcher Häufigkeit kann es sich nicht um einen bloßen Kunstgriff handeln. Hier muss etwas dahinter stehen, was mit der Ästhetik des Erzählens selbst zu tun hat. Im Kontext des zuvor Ausgeführten fällt die Erklärung nicht schwer. Auch postmoderne Kunst strebt, wie die Kunst aller früheren Epochen, nach Vollkommenheit; denn Vollendung ist das, was bei zwei Werken von gleichem Umfang, gleicher Art und gleichem Thema dem einen einen höheren Rang zuspricht als dem anderen. Bis zur klassischen Moderne wurde dies dadurch erreicht, dass jedes Element seinen notwendigen Platz in einem komplexen Ganzen zu haben schien. Der Eindruck solcher Notwendigkeit wird aber erst durch einen Sinnzusammenhang möglich, der seinerseits den Glauben an eine verstehbare Welt voraussetzt. Wenn aber jede Sinndeutung als eine arbiträre Sinnzuschreibung angesehen wird, wie es dem postmodernen Denken und seiner dekonstruktionalistischen Theorie entspricht, dann lässt sich der Eindruck von Vollendung nur dadurch erreichen, dass die Erzählung in sich selbst zurückkehrt.

Der Übergang vom ersten zum zweiten Verfahren lässt sich sehr gut an den beiden Monumentalwerken von James Joyce beobachten. *Ulysses* hat bei allem Spiel mit Erzählkonventionen noch die kathartische Grundstruktur, selbst wenn sie im Erzählablauf ironisiert wird. Es gibt Anschwellphasen, die zu einem Höhepunkt hinführen und am Ende von Molly Blooms innerem Monolog mit dem dreimaligen »Ja, ja, ja« eine kathartische, unverhohlen orgastische Auflösung erfahren. In seinem späteren, noch komplexeren Roman *Finnegans Wake* liegt bereits die postmoderne Struktur vor, die keine Katharsis mehr zulässt, da es sich um eine Traumsequenz handelt, die durch das Bewusstsein des schlafenden H.C. Earwicker fließt. In einem Traum gibt es kein antizipierendes Bewusstsein, sondern nur den zufälligen Wechsel von Befürchtung und Befriedigung. Deshalb gibt es zwar lustvolle, angstvolle oder aus beidem gemischte Träume, doch keine, in denen die symmetrische Struktur von *phobos* und *eleos*, von Erwartung und Befriedigung auftritt. Joyces Roman konnte sich darum nicht durch die Auflösung von aufgebauter Spannung vollenden, sondern nur durch die Rückkehr in den Anfangssatz.

Als auf der IX. Dokumenta in Kassel eine Messingstange von tausend Meter Länge senkrecht in die Erde versenkt und als »vertikaler Erdkilometer« zum Kunstwerk erklärt wurde, hatte der Betrachter keine Möglichkeit mehr, Vielfalt auf Einheit zu reduzieren; denn erstens sah er das Objekt nicht mehr, und zweitens hätte er, falls er es hätte sehen können, nur eine einzige, durch nichts variierte Stange wahrgenommen. Das Gleiche gilt für die monochromen Bilder, die Yves Klein in einem reinen, durch nichts abgestuften Blau gemalt hat. Es gilt für die weißen, in der Mitte aufgeschlitzten Leinwände von Lucio Fontana, für die Steinmonumente von Ulrich Rückriem und die Eisenplatten von Richard Serra. In all diesen Werken, wie in vielen anderen, die für die heutige Kunst charakteristisch sind, liegt in abgewandelter Form etwas vor, was jahrtausendelang praktiziert wurde, nämlich die Sakralisierung des Realen durch Heraushebung aus der Gewöhnlichkeit. So wurden in frühen Kulturen unbehauene Steine, Stelen, Dolmen, Erdhügel oder andere wenig bearbeitete Kultobjekte aufgerichtet, um auf magische Weise eine Brücke zwischen der Lebenswelt der Menschen und den göttlichen oder dämonischen Mächten zu bauen. Heute, wo alle Zeichen darauf hindeuten, dass die bisherige Form der Hochkultur in eine ganz neue Formation übergeht, erlebt diese Sakralisierung ihre Wiederauferstehung. Nur geschieht es jetzt in der horizontalen Dimension. Gegenstände der Alltagswelt werden aus ihrer Zweckbestimmung herausgerissen und zu Ikonen umgewandelt, die für etwas Unverfügbares stehen sollen. Ob es der Fettstuhl von Beuys, ein von Gerhard Richter übermaltes Foto oder die aus schweren Bleiplatten roh zusammengefügte Bibliothek Amselm Kiefers ist, in keinem dieser Fälle lässt sich ein komplexes Ganzes auf eine inhärente Ordnung reduzieren, vielmehr wird vorgefundenes Material in wenig bearbeiteter Form aus seiner Zweckhaftigkeit herausgelöst und so ikonisiert, dass der Betrachter etwas dahinter zu ahnen beginnt, ohne es benennen zu können.

Die Reduktion im Wahrnehmungsprozess erfolgt also nicht von der komplexen Oberfläche des Gegenstands zu dessen inhärenter Ordnung hin, sondern weg vom Gegenstand zu einer erahnten, aber nicht benennbaren Bedeutung. Wer zu dieser Sichtweise bereit ist, kann einen solchen Gegenstand ähnlich wahrnehmen, wie Menschen in früheren Zeiten auf Sakralkunst reagierten, nur dass jetzt keine Transzendenz mehr im Spiel ist, sondern an die Stelle des Numinosen die bloße Unverfügbarkeit innerhalb der Warenwelt tritt. Am spektakulärsten praktiziert solche Ikonisierung der Verpackungskünstler Christo. Er überzieht den unbehandelten Gegenstand einfach mit einem Verpackungsmaterial, und schon hat er ihn aus allen Zweckbindungen gelöst und in eine Ikone verwandelt.

## Verabsolutierung der Kreativität

Das wohl verbreitetste und darum charakteristischste Merkmal der zeitgenössischen Kultur ist der postmoderne Kreativitätsbegriff, der allen vorangegangenen Vorstellungen von künstlerischer Schöpfung zuwiderläuft. Von der Antike bis zum Ausklang des Mittelalters verstanden sich Künstler in erster Linie als Handwerker, die über ein besonderes Können verfügten und dieses als ›Kunst‹ ausübten. In der Renaissance kam die Vorstellung von Talent und Inspiration hinzu, die im 18. Jahrhundert in die des schöpferischen Originalgenies überging. Schon bis hierhin lässt sich eine stetige Verschiebung des Akzents vom handwerklichen Können zur spontanen Kreativität beobachten. Aber noch bis zum Ende der Moderne blieb die Beherrschung der handwerklichen Mittel die Voraussetzung dafür, dass Kreativität sich überhaupt materialisieren konnte. Die angeborene schöpferische Kraft im Künstler mochte wie ein breiter Strom dahinfließen; doch Kunstwerke brachte sie erst dann hervor, wenn der Strom durch einen Damm gestaut und seine Kraft nutzbar gemacht wurde. Der Staudamm, der die Kraft des Genies in künstlerische Produktion überführt, ist der Widerstand des Handwerklich-Technischen, der durch Können überwunden werden muss. Dies blieb die ganze Moderne hindurch gültig, weshalb Künstler wie Picasso, Strawinsky und Joyce nicht allein wegen ihrer Kreativität, sondern wegen ihres Könnens bewundert wurden. Erst am Widerstand der Form erwiesen sie sich als Meister.

Das Ende dieser Vorstellung kündigte sich in der 68er Bewegung an, für die Kreativität der Schlüsselbegriff war. Damals begann sich die Überzeugung durchzusetzen, dass jede menschliche Handlung

Ausdruck von Kreativität sei und dass dieser natürliche Drang zur Selbstverwirklichung nur durch die entfremdeten Gesellschaftsverhältnisse blockiert werde. Entfremdung war seit Rousseau ein zentrales Thema in der Kultur- und Gesellschaftskritik. Aber noch Marx, für den sie der Anstoß zur Entwicklung seines historisch-dialektischen Materialismus war, hielt die Wiedergewinnung eines nicht entfremdeten Gesellschaftszustands erst nach der vollen Entfaltung der Produktivkräfte für möglich, was bedeutete – um im Bilde zu bleiben –, dass erst alle Ströme durch einen einzigen riesigen Damm gestaut werden mussten, damit danach die kollektive Kraft gerecht auf alle Einzelnen verteilt werden konnte. Das Denken der 68er Bewegung, das danach das Erziehungswesen in allen Bereichen maßgeblich prägte, ging aber davon aus, dass jeder Mensch Gelegenheit haben sollte, seine Kreativität unmittelbar zu entfalten. Das begann bereits im Kindergarten und in der Vorschule, wo das spontane Schmieren mit Fingerfarben als kreativer Akt gepflegt wurde, ohne dass vorher erst eine Maltechnik gelernt werden musste. Es setzt sich fort in vielfältigen Formen zweckfreier Aktivitäten und kommt am handgreiflichsten in der modernen Form des Tanzes zum Ausdruck. Während bis 1968 die klassischen Gesellschaftstänze Formen vorgaben, die man sich in Tanzschulen aneignete und in denen man sich dann motorisch-musikalisch ausdrückte, wurde danach dieser Formzwang nahezu vollständig aufgegeben. Tanzen besteht seitdem für die meisten Jugendlichen in spontanen rhythmischen Bewegungen, die oft große körperliche Geschicklichkeit verraten, aber keiner Regel unterliegen. Wo immer es vorher Dämme gegeben hatte, die den kreativen Impuls stauten, wurden sie niedergerissen oder zumindest erheblich gesenkt. Es war ein Nivellierungsprozess, der die letzte Konsequenz aus den Grundbegriffen der Demokratie, aus Freiheit, Gleichheit und Gerechtigkeit zog.

Dass es sich hier nicht um Ideen ausgeflippter Jungpädagogen handelt, zeigte sich daran, dass die gesamte Kunst und Kultur auf breitester Front diesem Denken folgte. Am konsequentesten hat es Josef Beuys gelebt, gepredigt und praktiziert. Er wurde nicht müde, landauf, landab seinen »erweiterten Kunstbegriff« zu propagieren, dessen einziges Credo die verabsolutierte Kreativität war. Jeder Mensch, so Beuys, ist kreativ. Jeder hat das Recht, seine eigene Kunst zu schaffen. Nichts rechtfertigt den Fortbestand des alten, hierarchischen Kunstbegriffs in einer modernen, egalitären Demokratie. Beuys war selbst einer der kreativsten Künstler seiner Zeit. Seine Werke zeugen von großer Phantasie, von visionärer Kraft und von der Fähigkeit, das Zufällige und Beliebige in Formen zu bannen, von denen eine eigentümliche, fast magische Wirkung ausgeht. Bei ihm zeigt sich der innere Widerspruch der neuen Ästhetik in besonderem Maße; denn er, der unentwegt gegen den hierarchischen Kunstbegriff zu Felde zog, konnte nur dadurch als Künstler Anerkennung finden, dass er an eben diesem Kunstbegriff gemessen wurde. So hängen und stehen jetzt seine Werke in den gleichen Museen, die jahrhundertelang mithalfen, die Hierarchien zu etablieren. In der Tat lässt sich seine Ikonisierung des Banalen noch im traditionellen Sinne als ironische Sakralisierung des Realen auffassen. Bei einem Künstler wie Anselm Kiefer gilt dies sogar ohne die Einschränkung ›ironisch‹. Ganz anders dagegen die Masse der übrigen zeitgenössischen Kunst, in der sich Kreativität entfaltet, ohne dass der Widerstand von etwas Auszudrückendem zu spüren ist. Wenn Plastikschrott zusammengepresst und zum Kunstwerk erklärt wird, dann verweist der so entstandene Klumpen zwar zeichenhaft auf die Konsumgesellschaft, die unentwegt hochwertige Wirtschaftsgüter in Müll verwandelt, doch der Akt des Zusammenpressens unterliegt keinem Formzwang mehr, sondern nur einem kreativen Impuls. Ausdrücken heißt heute nicht mehr ›in eine Form gießen‹, sondern ›aus sich herausdrücken‹ oder, noch genauer, ›aus sich herausfließen lassen‹.

## Absolute Freiheit

Schiller hatte die Schönheit als »Freiheit in der Erscheinung« definiert und dies mit dem Bild eines maßgeschneiderten Anzugs verdeutlicht, dessen Widerstand vom Träger nicht mehr gespürt wird. Es ist das gleiche Konzept von Freiheit, dass hinter der Hegelschen Vorstellung von Freiheit als Einsicht in die Notwendigkeit steht. Der heutige postmoderne Freiheitsbegriff ist von ganz anderer Art. Er definiert innerhalb eines Systems gesellschaftlicher und staatlicher Zwänge »Freiräume«, für die absolute Freiheit gefordert wird. Die Kunst artikuliert dies, indem sie das Joch des Formzwangs abschüttelt und sich statt im maßgeschneiderten Anzug in schockierender Nacktheit zeigt. Von den zuvor untersuchten Bestimmungsmerkmalen der Kunst scheint Freiheit heute das entscheidende zu sein. Die moderne Kunst bereitet nicht mehr den ästhetischen Genuss, den die vollendete Form durch Vielfalt in der Einheit ermöglicht; sie vermittelt nicht mehr die kathartische Lust, die aus emotionaler Entlastung oder aus kognitiver Reduktion auf Erkenntnis entspringt. Statt dessen befreit sie ein beliebiges Ding der Alltagswelt durch einen deklaratorischen Akt aus den Zwängen der Konsumwelt und macht es zu etwas Unverfügbarem. Der Betrachter steht ratlos vor dem *je ne sais quoi*, in einem Zustand gespannter Irritation, die nicht mehr aufgelöst wird. Er muss nun entscheiden, ob dies die Abdankung der Kunst ist oder ob die Kunst auch jetzt noch, wie durch viele Jahrtausende hindurch, in einer Welt der Zwänge eine Spielsphäre offenhält, für die das Wort Schillers gilt, dass der Mensch nur da ganz Mensch sei, wo er spiele. Allerdings ist die zeitgenössische Kunst ein Spiel ohne Regeln. Damit fehlt ihr der Widerstand, an dem sie sich als Bewunderung heischende Leistung entfalten kann. Selbst das Publikum, das einst noch auf moderne Bilder mit Regenschirmen losging, hat inzwischen jeden Widerstand aufgegeben und sich von der Kunst weitgehend abgewandt. Das Schönste für einen Künstler ist ohne Zweifel der Beifall des Publikums; das Zweitschönste ist, bekämpft und verboten zu werden. Beides bleibt der heutigen Kunst versagt. Folglich gleicht sie einer Balletttruppe, die ihre Tänze im schwerelosen Raum aufführt. Sie kann und darf alles; doch während Tänze, die jeden Schritt der Schwerkraft abtrotzen, graziös und schwerelos wirken, sind solche im schwerelosen Raum nur noch alberne Hampelei. Der Kunst sind die Grenzen abhanden gekommen, durch deren Überwindung sie bisher ihr Können bewies. Wenn um sie herum grenzenlose Freiheit herrscht, kann sie »Freiheit in der Erscheinung« nur durch provokante Willkür ausdrücken. Damit nähert sie sich in bedenklicher Weise den Vermarktungsformen der Mode an. Während sie in früheren Zeiten den langen Grundwellen von Stilepochen folgte, die von den kurzen Wellen der Mode nur leicht gekräuselt wurden, bedeutet ihre absolute Freiheit heute paradoxerweise die absolute Abhängigkeit von der Mode. Andy Warhol brachte es auf die spöttische Formel, dass in Zukunft jeder eine Viertelstunde lang berühmt sein werde.

Das traditionelle Verhalten der Menschen zur Kunst ist Bewunderung. Das setzt eine vertikale Beziehung voraus; denn bewundern tut man das, was man selber nicht kann, weshalb man es bei anderen als überlegene Leistung anerkennt. Diese vertikale Haltung ist gegenüber der zeitgenössischen Kunst einer horizontalen gewichen, was sich darin ausdrückt, dass man sie nicht mehr bewundert, sondern sich nur noch über sie wundert. Wenn der verwunderte Bürger fragt, ob eine weiße Leinwand mit einem Schlitz in der Mitte, ein mit Talg beschmierter »Fettstuhl« oder der von Christo verpackte Reichstag Kunst seien, so wird man ihm antworten müssen: ja; denn diese Objekte sind wie alle anderen Schöpfungen der zeitgenössischen Kunst von Menschen gemacht, zweckfrei, in finite Form gebracht, scheinhaft, aus dem Zeitfluss herausgehoben und sie weisen das Merkmal der Singularität auf. Das Einzige, was sie prinzipiell von traditioneller Kunst unterscheidet, ist, dass man sie nicht bewundert; denn die darin zum Ausdruck kommende Leistung traut sich jeder zu, nur den Einfall nicht, dem sie entsprang. Die zeitgenössische Kunst erfährt der Bürger also nicht mehr als etwas über ihm Stehendes, sondern als etwas, das auf horizontaler Ebene außerhalb seiner Lebenswelt liegt. Sie ist nicht mehr das Höhere, sondern nur noch das Andere, das schlechthin Andere, um genau zu sein.

Damit hat sich die anthropologische Funktion der Kunst grundlegend verändert. Jahrtausendelang wirkte sie als Grenzbefestigerin an den vier *frontiers* der Menschheit. Als solche bezeichneten wir den Eros, das Numinose, das Böse und das Wilde. Heute wird alles, was an diesen Grenzen auftaucht, sogleich von der Wissenschaft rationalisiert und von der Wirtschaft okkupiert. Die Kunst hat damit nicht nur ihre ureigenste Aufgabe verloren, sondern zugleich ihren Inhalt. Wenn sie heute noch das schlechthin Andere in die Form bannen will, muss sie es sich erst einmal erschaffen. Folglich muss sie Dinge tun, die außerhalb der rationalisierten und ökonomisierten Sphäre liegen. Es müssen Dinge sein, die man nicht im landläufigen Sinne verstehen kann. Sie dürfen aber auch nicht im landläufigen Sinn gefallen; sonst würden sie zu Gegenständen ökonomischer Nachfrage. Während traditionelle Kunst die Affekte immanent sublimieren konnte, indem sie die Warenproduktion nach oben hin übertraf und eben deshalb Bewunderung weckte, kann die zeitgenössische Kunst nur horizontal aus der Warenwelt heraustreten, indem sie gegen das dort geltende Prinzip des Gefallens verstößt. Das aber ruft im Betrachter nicht Be-, sondern Verwunderung hervor, was als Irritation empfunden wird. Darin scheint die einzige Spannung zu bestehen, die sich auch in der zeitgenössischen Kunst stillstellen lässt.

## Der Gimmick

Auch die zeitgenössische Kunst strebt, wie jede Kunst, nach Singularität. Doch im Gegensatz zur traditionellen kann sie sie nicht durch Vollkommenheit erreichen, da sie diese ja bewusst verweigert. Folglich muss der Künstler Markenzeichen erfinden, die seine Werke von denen anderer abheben. Bei Georg Baselitz reicht dafür schon, dass er seine Bilder verkehrt herum aufhängt. Günter Uecker erreicht es durch Nagelbilder. Lucio Fontana schlitzt seine Leinwände auf, Mario Merz hängt vor seine Bilder eine dünne leuchtende Neonröhre. Fast jeder postmoderne Künstler hat so ein Markenzeichen, das dem Laienpublikum als bloßer Gimmick erscheint. Das Gimmickhafte ist so sehr zu einem Grundzug der Postmoderne geworden, dass es nicht unzutreffend wäre, wennn diese Epoche als Gimmizismus in die Stilgeschichte einginge.

Allerdings gibt das Markenzeichen nicht dem einzelnen Bild, sondern nur seinem Schöpfer Singularität. Deshalb mutet das Schaffen vieler Künstler wie ein fortwährendes Selbstplagiat an. Das Paradoxe daran ist, dass die Idee im Kopf das einzige Menschenwerk ist, das außerhalb der Warenwelt existiert. Folglich ist der Gimmick ein Markenzeichen, das den Marktmechanismus konterkariert, indem es etwas Sinnloses vermarktet und zugleich das Nicht-Vermarktbare zeichenhaft symbolisiert.

## Die Austreibung des Bürgers aus der Kultur

Von der ersten Hochkultur bis heute war Kunst überall und zu allen Zeiten eine Angelegenheit von Bildungseliten. Aber noch nie gab es eine Epoche wie die unsere, in der selbst die Bildungsschicht den

Anschluss an das zeitgenössische Kunstschaffen verloren hat. Sophokles und Shakespeare schrieben ihre Stücke für alle Bürger. Dürer und Rembrandt nahmen Aufträge von jedem Kaufmann an, der das Bild bezahlen konnte; und denen mit weniger Geld boten sie Kupferstiche und Radierungen an. Schiller und Goethe erreichten das ganze deutsche Volk; Autoren wie Dickens die ganze lesende Menschheit. Im 19. Jahrhundert fieberte das Publikum jeder neuen Oper von Verdi entgegen, es ging ins Konzert, um die neueste Sinfonie von Brahms zu hören: kurzum, das Publikum, selbst wenn es nur die betuchte Bürgerschicht war, hielt mit der künstlerischen Produktion Schritt. Ganz anders heute. Selbst die Berliner Philharmoniker müssten vor halbleerem Haus spielen, wenn sie ein Programm nur mit Uraufführungen zeitgenössischer Komponisten bestreiten würden. Maler malen nicht mehr für ein Publikum, sondern für Sammler, die auf den steigenden Marktwert spekulieren. Die Gedichte der zeitgenössischen Dichter kommen in bescheidenen Auflagen heraus und sind im Nu vergessen, während die bekanntesten der Klassiker auswendig rezitiert werden können. Nicht nur die musisch Uninteressierten, sondern große Teile der kunstbegierigen Bildungsschicht fühlen sich heute aus dem Paradies der Kunst verstoßen. Nicht einmal als Utopie schwebt es ihnen vor. Sie erfreuen sich noch an den Blumen des einstigen Gartens, die in Museen, Opernhäusern, Theatern und Konzerthallen dargeboten werden, doch der zeitgenössische Garten interessiert sie nicht. Der sich stetig vergrößernde Abstand zwischen Kunstschaffen und Publikum ist kultursoziologisch das wohl charakteristischste Merkmal der Gegenwartskunst. Er ist das beunruhigende Symptom für den Zustand einer Gesellschaft, die ihren ästhetischen Hunger an der Hinterlassenschaft abgestorbener Kulturen stillt und sich in der Kunst der eigenen Zeit nicht mehr wiederfindet.

# Im Garten der Kunst – Persönliches Nachwort

Das vorliegende Buch enthält Überlegungen eines anglistischen Literaturwissenschaftlers, der nach vierzigjähriger Tätigkeit in seinem Fach zu der Überzeugung gelangt ist, dass jedes Nachdenken über Literatur und Kunst zuletzt in drei Fragen münden sollte: 1. Was unterscheidet Kunst von Nicht-Kunst? 2. Was bewirkt die Wahrnehmung von Kunst im Rezipienten? 3. Was unterscheidet das größere Kunstwerk vom geringeren? Umso mehr wundert es ihn, dass diese Fragen von Literaturwissenschaftlern so selten gestellt werden. Statt dessen tragen sie eifrig zur Austreibung des Bürgers aus der Kultur bei, indem sie ihren Gegenstand mit einem Drahtverhau von unverständlichem Jargon umgeben, den selbst der Fachmann kaum noch durchdringt. Wenn gegenwärtig Dichtung nur noch als Text oder – noch moderner – als Diskurs in einem Meer von anderen Diskursen verstanden wird, löst sich das Ästhetische darin auf wie Zucker im Kaffee. Man schmeckt seine Anwesenheit noch, aber man kann nicht mehr feststellen, was den Geschmack bewirkt. Das war nicht immer so.

Im 18. Jahrhundert, in dem die Ästhetik als philosophische Disziplin entstand, galt das Ästhetische noch als ein Reich, das von dem des Wahren und Guten klar geschieden war. Nach Kant löste sich diese Scheidung auf. Bei Hegel ist das Schöne nur noch »das sinnliche Scheinen der Idee« und damit die Außenseite der Wahrheit. Im Lager der Hegelianer blieb das so bis auf den heutigen Tag. Selbst Adorno, der Hegels Dialektik zu einer »negativen« umkehrte, sah das Schöne der Kunst noch in den Kategorien des wahren und falschen Bewusstseins. Parallel dazu schlugen die Linkshegelianer, allen voran Marx, das Schöne der Ethik zu und sahen in der Kunst die Magd einer auf Vernunft begründeten Praxis. Selbst heute, wo der Marxismus desavouiert ist und der Hegelsche Ansatz durch moderne Modelle wie Diskursbegriff und Systemtheorie abgelöst wurde, bleibt das ästhetische Phänomen weiterhin aufgelöst im Ganzen wie, nun ja, wie Zucker im Kaffee. Was aber ist es, was dem Kaffee die Süße gibt?

Um eine Antwort darauf zu finden, nahm der Verfasser den Faden dort wieder auf, wo ihn nach Kant die Philosophen fallen ließen. Wenn das Ästhetische darin besteht, dass eine sinnliche Wahrnehmung von Lust oder Unlust begleitet wird, sollte es zu allererst darum gehen, die psychologischen Grundlagen der dabei auftretenden Reaktionsmuster aufzuklären. Hierfür hatte sich der Verfasser von der Psychologie Hilfe erhofft, doch zu seinem Erstaunen taucht das Wort ›Lust‹ im Register der meisten Lehrbücher überhaupt nicht auf. Nur amerikanische Psychologen, insbesondere D. E. Berlyne, zeigten daran wissenschaftliches Interesse. Mit der psychologischen Deutung der affektiven Prozesse ist es aber nicht getan. Ein Kunstwissenschaftler sollte auch wissen wollen, was sich in den Nervenzellen abspielt, wenn ein Mensch ein Kunstwerk genießt. Ansätze dazu gibt es in der Neurologie, nur wären sie wohl ertragreicher, wenn sich die Neurologen mit den Psychologen und Kunstwissenschaftlern zusammentäten, um der Frage gemeinsam nachzugehen. Sollte sich dabei das vom Verfasser herangezogene informationstheoretische Modell als brauchbar erweisen, wäre zu wünschen, dass sich der gedachten Arbeitsgruppe auch noch ein Informationstheoretiker anschlösse.

Da der Verfasser ein solches Team nicht finden konnte, blieb ihm nichts weiter übrig, als ein eigenes heuristisches Modell zu entwerfen. Am Ende zieht es ihn aber doch auf das Feld zurück, für das er sich fachlich zuständig fühlt, das der Kunst im Allgemeinen und der Dichtung im Besonderen. Dort hat er es mit Zeichen und Bildern zu tun, die der physischen Welt entnommen und mit Sinngehalt aufgeladen sind. So gibt es beispielsweise für den appetitiven Eros das vertraute Symbol der Blüte, die sich in der Evolution als das geeignetste Mittel erwiesen hat, den für die Befruchtung erforderlichen Pollentransporteur anzulocken, eine Funktion, die bis zum Rosenkavalier wirksam blieb, wobei hinter der Rose der Stachel der Eifersucht lauert. Der Submissionsaffekt findet symbolischen Ausdruck im Tempel mit der dahinter lauernden Angst vor dem Numinosen. Die Herrschaft des Dominanzaffekts über das Wilde drückt sich mythologisch in jenem Gebilde aus, in das Dädalus die archaische

Wildheit des Minotaurus einsperrte, im Labyrinth. Und als Archetypus der Aversionslust bietet sich der Namensgeber des Grotesken an, die Grotte, in deren Dunkel schleimige Kröten den Kitzel des Ekels hervorrufen. Wäre zu jedem dieser Bilder ein literarisches Beispiel zu nennen, käme dem Verfasser für das Spiel auf der Klaviatur des Blütenzaubers als erstes Prousts großer Romanzyklus in den Sinn, wo die junge Mädchenblüte in einem der Titel steht und die Eifersucht eine zentrale Rolle spielt. Für das Spiel mit der Angstlust vor dem Erhabenen böte sich Kafkas *Schloß* an. Die Lust am Labyrinth – wer hätte sie kunstvoller beschworen als Joyce, der den Labyrinthbauer Dädalus zu seinem *alter ego* machte? Die dem Ekel entspringende Aversionslust schließlich findet man in der deutschen Literatur am sinnlichsten bei Günter Grass in der *Blechtrommel*, wo die aus dem toten Pferdekopf hervorquellenden Aale nicht nur Oskar Matzeraths Mutter, sondern auch manchem Leser Übelkeit bereiteten.

Blüte, Tempel, Labyrinth und Grotte sind aber auch typische Bestandteile eines Gebildes, das – zumindest der Ausdehnung nach – die größte von Menschenhand geschaffene Kunstform ist, wenn man die Chinesische Mauer und ähnliche Zweckbauten ausschließt. Die Rede ist vom englischen Landschaftsgarten. Er ist Menschenwerk, zweckfrei, vollständig durchgeformt, von scheinhafter Natürlichkeit, der Zeit enthoben, und er weist für den Kenner in seinen besten Ausführungen das gewisse Etwas auf. Wenn das ursprüngliche Naturverhältnis des Menschen in dem Bibelwort »Macht euch die Erde untertan« zum Ausdruck kommt, dann erscheint im Landschaftsgarten die Erde wie ein vollständig domestiziertes Tier, dass keines Zaumzeugs bedarf, weil es sich freiwillig der unsichtbaren Ordnung unterwirft. In diesem Sinne verkörpert er »Freiheit in der Erscheinung« und ist damit ein Symbol der Kunst schlechthin. Die Kunst ist der Garten der Menschheit, den diese sich vor den Mauern der Zweckwelt angelegt hat. In ihm pflegt sie spielerischen Umgang mit dem noch nicht domestizierten Anderen – dem Eros, dem Numinosen, dem Bösen und dem Wilden –, ohne sich davor fürchten zu müssen.

*Palmström Piktor – Satyrspiel mit Gruß an Morgenstern*

*Palmström wirft sich auf die Kunst;
denn ihn treibt der Seele Brunst,
einmal bis zum Überfließen
sich in Farbe zu ergießen.*

*Und er geht bis an die Grenzen
der verwegensten Tendenzen,
suchend nach dem Markenzeichen,
das ihn trennt von seinesgleichen.*

*Doch es will ihm nicht gelingen,
ebendies hervorzubringen.
Alles, was er ausprobiert,
hat längst einer schon kreiert.*

*Endlich geht ein helles Leuchten
über seine tränenfeuchten
Augen, als mit einem Schlag
er erkennt, woran es lag:*

*In der Wettbewerbsgesellschaft
kommt nur der zum Zug, der schnell schafft.
Was als erster einer tut,
schreibt ihm die Geschichte gut.*

*Palmström, heiteren Gesichts,
denkt: am schnellsten schafft man – nichts.
Nur das Nichtgeschaffne ist
schneller als der schnellste Mist.*

*Fortan schafft er wie ein Wilder
lauter ungemalte Bilder.
Die Kritik sogleich seitdem
spricht von Palmströms Null-Piktem.*

# Quellenverzeichnis

*Seite* 23 »Also ist auch ein Mistkorb etwas Schönes?« (Xenophon, übersetzt von Johannes Irmscher); aus: Ästhetik der Antike. Hg. von Joachim Krueger, Berlin 1964, S. 36.
*Seite* 24 »Weil nun der Begriff von einem Objekt, ...« aus: Immanuel Kant, Kritik der Urteilskraft, S. 17.
*Seite* 26 »No single Parts unequally surprise; ...« aus: Alexander Pope, Essay on Criticism. Vers 249–252;. in: The Poems of Alexander Pope. A one-volume edition of the Twickenham text. Hg. v. John Butt, London 1963.
*Seite* 27 »Was wir in Objekten als schön bezeichnen, ist ...« Englisches Original in: Francis Hutcheson, An Inquiry into the Origin of Our Ideas of Beauty and Virtue (1725). Faksimile-Nachdruck, Hildesheim 1971, S. 16.
*Seite* 27 »Ich meine die Lust, die das Bewusstsein aus ...« Englisches Original in: William Wordsworth und Samuel Taylor Coleridge, Lyrical Ballads 1805. Hg. von Derek Roper, 2. Auflage, London 1976, S. 41.
*Seite* 32 »Deswegen sind alle ganz enge und ganz weite ...« aus: Friedrich Schiller, Kallias oder über die Schönheit. Hg. von Klaus L. Berghahn, Stuttgart 1971, S. 49 f.
*Seite* 37 » ... das Gefühl des Erhabenen eine Lust ist, ...« aus: Immanuel Kant, Kritik der Urteilskraft. Hg. von Karl Vorländer. Unveränderter Nachdruck der Ausgabe von 1924, Hamburg 1954, S. 88.
*Seite* 81 »Über allen Gipfeln ...« aus: Johann Wolfgang von Goethe, Werke. Hamburger Ausgabe. Hg. von Erich Trunz. Band 1, Hamburg 1948, S. 142.
*Seite* 89 »Ode an eine griechische Urne«. Englisches Original in: The Poems of John Keats. Hg. von Miriam Allott, London 1970, S. 532–538.
*Seite* 91 »Ich meine jene negative Fähigkeit ...« Englisches Original in: The Letters of John Keats. Hg. von Maurice Buxton Forman. 3. Auflage, London 1947, S. 72.

# Literaturhinweise

Als knappes, allgemeinverständliches Nachschlagewerk zu allen Kernbegriffen der Ästhetik empfiehlt sich: Wolfhart Henckmann und Konrad Lotter, *Lexikon der Ästhetik*, München 1992.

## Einleitung

Zur Einführung in die Fragestellungen der Ästhetik eignen sich:
Franz Koppe, *Grundbegriffe der Ästhetik*, Frankfurt/M. 1983. Diskutiert die klassischen Probleme der Ästhetik aus moderner Sicht, vor allem mit Bezug auf die Dichtung.
Franz von Kutschera, *Ästhetik*, Berlin 1988. Aufriss der ästhetischen Fragestellungen im jeweiligen historischen Kontext.
Norbert Schneider, *Geschichte der Ästhetik von der Aufklärung bis zur Postmoderne*, Stuttgart 1996. Chronologische Darstellung der wichtigsten Theoretiker der Ästhetik von Baumgarten bis Derrida.

## Der Gegenstand der Ästhetik

Die erste vollständige Analyse des ästhetischen Urteils, wenngleich unter Ausschluss weiter Bereiche der Kunst, lieferte Kant in seiner *Kritik der Urteilskraft* (1790). Der größere Einfluss ging jedoch von Hegels *Vorlesungen über die Ästhetik* (1835–38) aus. Wie bei Hegel so stand danach auch bei Marx und seinen Anhängern das Inhaltliche der Kunst im Vordergrund. Am umfassendsten hat sich Georg Lukacs in seinem unvollendet gebliebenen zweibändigen Werk *Die Eigenart des Ästhetischen* (1964) um eine Grundlegung des materialistischen Ansatzes bemüht. In den 60er und 70er Jahren wurde dieser noch breit diskutiert. Beispiele hierfür sind Galvano della Volpe, *Kritik des Geschmacks. Entwurf einer historisch-materialistischen Literaturtheorie und Ästhetik*. Aus dem Italienischen von Burkhart Kroeber, Darmstadt/Neuwied 1978 und Hans-Heino Ewers, *Die schöne Individualität. Zur Genesis des bürgerlichen Kunstideals*, Stuttgart 1978. Die umfassendste historische Gesamtdarstellung der Ästhetik aus jüngster Zeit ist die dreibändige *Geschichte der Ästhetik* des polnischen Philosophen Wladyslaw Tatarkiewicz, übersetzt von Alfred Loepe, Basel/Stuttgart 1979–87. Ein spezifisch deutscher Beitrag zur Ästhetik, der die Hegelsche Dialektik umkehrt und ihr eben dadurch verpflichtet bleibt, ist Theodor W. Adornos *Ästhetische Theorie* in: Gesammelte Schriften Band. 7, Frankfurt/M. 1970. Der Adornoschen Ästhetik der kritischen Negativität stellt Hans Robert Jauß in: *Ästhetische Erfahrung und literarische Hermeneutik* Band. I: *Versuche im Feld der ästhetischen Erfahrung*, München 1977, eine Ästhetik des Genießens gegenüber, die er aber nicht empirisch, sondern hermeneutisch-phänomenologisch entwikkelt. Zur Diskussion der jüngsten Zeit siehe *Aisthesis. Wahrnehmung heute oder Perspektiven einer anderen Ästhetik*. Essays. Hg. von Karlheinz Barck u.a., Leipzig 1991. Die Ausführungen zur Poetik des Aristoteles entwickelt der Verfasser ausführlicher in *Die Tragödie. Theorie und Geschichte*, Göttingen 1995. Dort findet der Leser auch eine Deutung der ästhetischen Wirkung der Tragödie.

## Der Geschmack als ästhetisches Organ

Die Diskussion um den Geschmack hatte ihre große Zeit im 18. Jahrhundert, und hier vor allem in England. Eine kritische Zusammenfassung der englischen Diskussion findet sich in Hannelore Klein, *There is No Disputing About Taste. Untersuchungen zum englischen Geschmacksbegriff im 18. Jahrhundert*, Münster 1967. Das sensualistische Interesse am Geschmack blieb bis heute eine Spezialität der Engländer. Hierzu aus jüngster Zeit S. Bayley, *Taste: The Secret Meaning of Things*, London 1991. Der physiologische Unterbau des ästhetischen Geschmacks hat weit weniger Interesse gefunden. Nach der frühen Studie von J. A. Brillat-Savarin, *Physiologie des Geschmacks*, 1863, geriet die sinnliche Wahrnehmung weitgehend aus dem Blickfeld der Ästhetik. Erst neuerdings begann man wieder das Ästhetische dort aufzusuchen, wo es zu allererst ins Bewußtsein tritt, nämlich in den Daten, die die Sinne liefern. Eine lesenswerte populärwissenschaftliche Darstellung dieses Bereichs findet sich in Alfred Maelicke (Hg.), *Vom Reiz der Sinne*, Weinheim 1990.

## Klassische Schönheitstheorien

Eine philosophische Deutung der Geschichte des Schönen in der Antike gibt Ernesto Grassi, *Die Theorie des Schönen in der Antike*, 1962; Neuausgabe bei Dumont, Köln 1980. Für das Mittelalter unternimmt das gleiche Rosario Assunto, *Die Theorie des Schönen im Mittelalter*, Köln 1962. Eine knappe, gut lesbare Darstellung des gleichen Gegenstands lag schon 1959 von Umberto Eco vor, die auf Deutsch aber erst 1991 unter dem Titel *Kunst und Schönheit im Mittelalter* bei Hanser in München erschien. Eine Auswahl der wichtigsten philosophischen Schönheitstheorien findet sich in *Philosophies of Beauty from Socrates to Robert Bridges. Being the Sources of Aesthetic Theory*, ausgewählt und hg. von E. F. Carritt, Oxford 1931. Carritt selber schrieb das Buch *The Theory of Beauty*, London 1914, das zahlreiche Neuauflagen erlebte und in England lange Zeit als das Standardwerk zu diesem Gegenstand galt. Allerdings sieht Carritt so ausschließlich durch die Brille der englischen Philosophie, dass deutsche Leser, die von Kant und Hegel herkommen, sich mit seinen verständnislosen Urteilen vor allem über den Letzteren kaum werden anfreunden können. Auf deutscher Seite haben sich außer den eben genannten auch alle anderen Ästhetiker mit dem Schönen auseinandergesetzt, teils in der Nachfolge Hegels, teils in der von Kant. Abseits der Hauptstraße bewegte sich Bernard Bolzanos philosophische Abhandlung *Über den Begriff des Schönen* (1845) in: *Untersuchungen zur Grundlegung der Ästhetik,* mit einer Einleitung hg. v. Dietfried Gerhardus, Frankfurt/M. 1972, in der Reihe: Wissenschaftliche Paperback Grundlagenforschung. Etwa seit der Mitte des 20. Jahrhunderts wird der Schönheitsbegriff in zunehmendem Maße in Frage gestellt, sodass kaum noch jemand wagt, ihn zum Gegenstand einer seriösen Abhandlung zu machen. Siehe hierzu *»schön«. Zur Diskussion eines umstrittenen Begriffs*, hg. v. Siegfried J. Schmidt, München 1976. Mit der experimentalpsychologischen Bestimmung des Phänomens befasst sich C. W. Valentine, *The Experimental Psychology of Beauty*, London 1962. Eine reichhaltige Sammlung teils anregender, teils extrem idiosynkratischer Aufsätze von 32 Autoren bieten Dietmar Kamper/Christoph Wulf (Hg.), *Der Schein des Schönen*, Göttingen 1989. In jüngster Zeit kam es zu erneuten Versuchen, das Schöne außerhalb der traditionellen philosophischen Kategorien zu fassen, z. B. durch Friedrich Cramer und Wolfgang Kaempfer, die in *Die Natur des Schönen. Zur Dynamik der schönen Formen*, Frankfurt/M. 1991, das Schöne als objektives Phänomen aus dem Zusammenspiel von Ordnung und Chaos zu erklären versuchen. Einen ähnlichen Versuch unternimmt John D. Barrow, *Der kosmische Schnitt. Die Naturgesetze des Ästhetischen*. Aus dem Englischen von Anita Ehlers, Heidelberg 1997.

Im Text erwähnte Klassiker:

Francis Hutcheson, *An Inquiry into the Original of Our Ideas of Beauty and Virtue* (1725; Nachdruck Hildesheim 1971).

William Hogarth, *Analysis of Beauty* (1753; Nachdruck London 1971).

Edmund Burke, *Vom Erhabenen und Schönen*, aus dem Englischen übersetzt von Friedrich Bassenge, Berlin 1956.

Immanuel Kant, *Kritik der Urteilskraft*, hg. v. Karl Vorländer, Hamburg 1954.

Friedrich Schiller, *Kallias oder über die Schönheit*, Stuttgart 1991; Reclam UB 9307.

## Grundkategorien des ästhetischen Urteils

Bei Plato gab es als ästhetische Grundkategorie nur das Schöne. Erst später kam das Erhabene und noch viel später das Groteske und das Pittoreske hinzu. Die am weitesten gehende Ausdifferenzierung findet sich in Johannes Volkelt, *System der Ästhetik*, 3. Bände. (1905/14). 2. Auflage München 1924/27. Drei der vier Grundkategorien spielten im 18. Jahrhundert in der englischen Ästhetikdiskussion eine zentrale Rolle. Eine informative Zusammenfassung dieser Debatte findet sich bei W.J. Hipple, *The Beautiful, the Sublime, and the Picturesque in Eighteenth-Century British Aesthetic Theory*, Carbondale 1957. Zum Aufkommen des Erhabenheitskults im 18. Jahrhundert ist das Standardwerk Samuel H. Monk, *The Sublime. A Study of Critical Theories in XVIII-Century England*, New York 1935. Auf deutscher Seite wurde das Erhabene vor allem in philosophischen Ästhetiken abgehandelt, so von Kant, Schelling, Solger, Hegel, Fr. Th. Vischer, Th. Lipps u.a. Zu dem in jüngster Zeit neuerwachten Interesse an dem Phänomen siehe Christine Pries (Hg.), *Das Erhabene. Zwischen Grenzerfahrung und Größenwahn*, Weinheim 1989. Das Pittoreske hat begreiflicherweise in dem Land die meiste Aufmerksamkeit gefunden, das es zu seinem nationalen Geschmacksideal erkoren hat. David Watkin, *The English Vision. The Picturesque in Architecture, Landscape and Garden Design*, London 1982, drückt dies bereits im Titel aus. Watkin gibt darin eine reich illustrierte Darstellung des Pittoresken in der englischen Kunst und Kultur vom 18. Jahrhundert bis zur Gegenwart. Die Anfänge des pittoresken Ideals im 18. Jahrhundert wurden zum erstenmal umfassend dargestellt von Christopher Hussey, *The Picturesque. Studies in a Point of View*, London 1927. Das Groteske wurde bereits von Karl Friedrich Flögel in seiner *Geschichte des Grotesk-Komischen* (1784–87; Nachdruck Düsseldorf 1978) umfassend abgehandelt. In neuerer Zeit befasste sich damit Wolfgang Kayser in *Das Groteske. Seine Darstellung in Malerei und Dichtung*, Hamburg 1957. Ferner seien genannt:

Otto F. Best (Hg.), *Das Groteske in der Dichtung*, Darmstadt 1980.

G.G. Harpham, *On the Grotesque: Strategies of Contradictions in Art and Literature*, Princeton 1982.

## Die Subjektseite des Ästhetischen

Im 19. Jahrhundert war die empirische Erforschung von Wahrnehmungsvorgängen eine Domäne der deutschen Psychologie. Gustav Theodor Fechner, der sie maßgeblich vorantrieb, schrieb unter anderem einen Aufsatz *Über die Frage des goldenen Schnitts*, Archiv für die zeichnenden Künste 11 (1865), 100–112, und das Buch *Vorschule der Ästhetik*, Leipzig 1876. Im 20. Jahr-

hundert wurde der empirische Ansatz in der deutschen Psychologie dann mehr und mehr vom geisteswissenschaftlichen und vom soziologischen verdrängt. In den 60er Jahren war es vor allem der amerikanische Psychologe D. E. Berlyne, der den von Fechner beschrittenen Weg weiterging. Nach über dreißig Aufsätzen zu Einzelproblemen der ästhetischen Wahrnehmung veröffentlichte er 1971 in New York das Buch *Aesthetics and Psychobiology*, das alle Aspekte des Ästhetischen aus psychologischer Sicht untersucht und dabei den *arousal*-Begriff in den Mittelpunkt rückt. Eine Gesamtdarstellung zur *Geschichte der psychologischen Ästhetik*, Göttingen 1987, mit reichen Literaturangaben legte Christian G. Allesch vor. In jüngster Zeit wandten sich auch Biologen dem ästhetischen Phänomen zu. Siehe hierzu *Beauty and the Brain. Biological Aspects of Aesthetics*, hg. von Ingo Rentschler, Barbara Herzberger und David Epstein, Basel 1988.
Das Affektmodell von Gustav Kafka findet sich in dessen Aufsatz *Über Urafekte*, Acta Psychologica, Bd. VII (1950), S. 256–278.

## Die Objektseite des Ästhetischen

Eine Gesamtdarstellung hierzu ist dem Verfasser nicht bekannt.
Anregungen findet man bei Irenäus Eibl-Eibesfeldt, *Die Biologie des menschlichen Verhaltens* (München 1984).

## Ein informationstheoretisches Modell

Die ersten Anstöße zur informationstheoretischen Deutung des Ästhetischen gaben Abraham A. Moles, *Informationstheorie und ästhetische Wahrnehmung* (französische Ausgabe 1958), übersetzt von Hans Ronge, Köln 1971; Max Bense, *Programmierung des Schönen*, Baden-Baden 1960 und Rul Gunzenhäuser, *Ästhetisches Maß und ästhetische Information*, Quickborn 1961. Eine Zusammenfassung dieser Ansätze zu einer informationstheoretisch begründeten Ästhetik versuchte Herbert W. Franke in *Phänomen Kunst*, Köln 1974; 3. erweiterte Auflage unter dem Titel *Kybernetische Ästhetik. ›Phänomen Kunst‹*, München 1979. Verständliche Einführungen in den Gegenstand liefern:
Max Bense, *Einführung in die informationstheoretische Ästhetik. Grundlegung und Anwendung in der Texttheorie*, Reinbek 1969; rowohlt deutsche enzyklopädie 320.
Helmut Kreutzer/ Rul Gunzenhäuser (Hgg.), *Mathematik und Dichtung. Versuche zur Frage einer exakten Literaturwissenschaft*, 4. Auflage München 1971.
Rul Gunzenhäuser, *Maß und Information als ästhetische Kategorien*. 2. Auflage Baden-Baden 1975.

Mit dem Entropiebegriff setzt sich auch Rudolf Arnheim in *Entropie und Kunst. Ein Versuch über Unordnung und Ordnung*, Köln 1971, auseinander, wobei ihm allerdings einige Missverständnisse unterlaufen.

## Ein neurologisches Modell

Da die neurologische Fachliteratur für den Laien kaum verständlich ist, werden hier als Empfehlungen zur vertiefenden Lektüre nur solche Darstellungen genannt, die von sachkundigen Autoren für ein breiteres Publikum geschrieben wurden. Dazu zählen:
Ernst Pöppel, *Lust und Schmerz. Vom Ursprung der Welt im Gehirn*, 1982, Neuauflage Berlin 1993.
John C. Eccles, *Die Evolution des Gehirns – die Erschaffung des Selbst*. Aus dem Englischen von Friedrich Griese, München 1989.
Richard F. Thompson, *Das Gehirn. Von der Nervenzelle zur Verhaltenssteuerung*. Aus dem Amerikanischen von Merlet Behncke, Heidelberg 1990.
Kenneth A. Klivington, *Gehirn und Geist*. Aus dem Amerikanischen von Peter Germroth, Heidelberg 1992.
Bryan Kolb/ Ian Q. Wishaw, *Neuropsychologie*. Aus dem Englischen von Monika Pritzel, Heidelberg 1993.
Jacques-Michel Robert, *Nervenkitzel. Den grauen Zellen auf der Spur*. Aus dem Französischen von Bettina Gleißenberger und Isabelle Jahraus, Heidelberg 1994.

## Stillgestellte und ritualisierte Lust

Obwohl der Begriff des »interesselosen Wohlgefallens« bei Kant von zentraler Bedeutung ist und obwohl auch sonst die Vorstellung von »ästhetischer Distanz« seit dem 18. Jahrhundert häufiger auftaucht, sind nur wenige dem Problem nachgegangen. Zu ihnen gehört der Engländer Edward Bullough, der 1912 den Begriff *psychical distance* in die Diskussion warf. Seine Arbeiten zur Ästhetik erschienen gesammelt in *Aesthetics. Lectures and Essays*. Hg. mit einer Einleitung von Elizabeth M. Wilkinson, London 1957. Zur Pornographiediskusssion siehe
Peter Gorsen, *Das Prinzip Obszön. Kunst, Pornographie und Gesellschaft*, Reinbek 1969.
Edgar Mertner/Herbert Mainusch, *Pornotopia. Das Obszöne und die Pornographie in der literarischen Landschaft*, Frankfurt/M. 1970.
Speziell mit der ästhetischen Seite der Pornographie befassen sich:
Peter Gorsen, *Sexualästhetik. Grenzformen der Sinnlichkeit im 20. Jahrhundert*, Reinbek 1987.

Jon Huer, *Art, Beauty, and Pornography. A Journey Through American Culture*, New York 1987.

## Bestimmungsmerkmale der Kunst

Ein knapper, umfassender historischer Abriß der Kunstheorien von der Antike bis zur Gegenwart unter Berücksichtigung auch der außereuropäischen Kulturen findet sich in Udo Kultermann, *Kleine Geschichte der Kunsttheorie*, Darmstadt 1987. Eine Wesensbestimmung von Kunst versuchen Helmut Kuhn, *Vom Wesen und Wirken des Kunstwerks*, München 1960, und Richard Wollheim, *Art and its Object. An Introduction to Aesthetics*, New York 1968; deutsch nach der 2. Ausgabe von 1980 unter dem Titel *Objekte der Kunst*, übersetzt von Max Looser, Frankfurt/M. 1982.

## Wirkungsweisen der Künste

*Bildende Kunst*
Anders als in der Musik kommt in der bildenden Kunst meist eine semantische Dimension ins Spiel, die sich experimentalpsychologisch schwer fassen lässt. Deshalb müssen sich die Psychologen, wie schon Hogarth im 18. Jahrhundert, darauf beschränken, die ästhetische Wahrnehmung einfacher Formen zu studieren. Literatur hierzu:
Martin Schuster u. Horst Beisl, *Kunstpsychologie. »Wodurch Kunstwerke wirken«*, Köln 1978 = dumont kunst-taschenbuch 61,
Martin Schuster, *Psychologie der bildenden Kunst. Eine Einführung*, Köln 1990.
Walter Schurian (Hg.), *Kunstpsychologie heute*, Göttingen 1993.
Neben der empirisch-experimentellen Psychologie hat sich vor allem die Gestaltpsychologie mit dem Ästhetischen befasst. Hier ist besonders Rudolf Arnheim zu nennen, der in *Art and Visual Perception*, London 1956; deutsch: *Kunst und Sehen*, Köln 1978, und *Visual Thinking*, London 1969; deutsch: *Anschauliches Denken*, Köln 1972, versucht, die Wahrnehmung ästhetischer Objekte gestaltpsychologisch zu erklären.

*Musik*
Zur Wahrnehmung von Musik liegen mehr Untersuchungen als zu den anderen Kunstformen vor. Das hängt sicher damit zusammen, dass Musik keine semantische Dimension enthält, die sich dem empirisch-experimentellen Zugriff entzieht. Eine umfangreiche *Angewandte Musikästhetik*, Berlin 1926, legte schon Hans Mersmann vor. Aus neuester Zeit stammt das Buch *Klassi-*

*sche und romantische Musikästhetik*, Laaber 1988, von Carl Dahlhaus. Mit der psychologischen Wahrnehmung von Musik befassen sich unter anderen:
Diana Deutsch (Hg.), *The Psychology of Music*, New York 1982.
Helga de la Motte-Haber, *Handbuch der Musikpsychologie*, Laaber 1985.
John A. Sloboda, *The Musical Mind. The Cognitive Psychology of Music*, Oxford 1985.
W. J. Dowling und Dane L. Harwood, *Music Cognition*, Orlando 1986.
Robert Frances, *The Perception of Music*. Aus dem Französischen übersetzt von W. J. Dowling, Hillsdale/N. J. 1989.

*Dichtung*
Obwohl die Dichtung mit großem Abstand die besterforschte – oder besser: meistbeforschte – der drei Künste ist, nehmen in der Literaturwissenschaft die ästhetischen Fragen einen erstaunlich geringen Raum ein. Das dürfte daher rühren, dass hier die semantische Dimension erheblich mehr Komplexität aufweist als die formale. Die Psychologie wagte sich deshalb nur selten auf das schwierige Feld. Nur die Vertreter des informationstheoretischen Ansatzes haben versucht, dem ästhetischen Wert von Gedichten auf die Spur zu kommen. Wichtige Arbeiten zur literarischen Ästhetik sind Hans Robert Jauß, *Ästhetische Erfahrung und literarische Hermeneutik*, Band. 1: *Versuche im Feld der ästhetischen Erfahrung*, München 1977, und P. V. Zima, *Literarische Ästhetik. Methoden und Modelle der Literaturwissenschaft*, Tübingen 1991. Auf traditionelleren Bahnen bewegt sich der phänomenologische Ansatz des polnischen Philosophen und Literaturwissenschaftlers Roman Ingarden, der eine Reihe wichtiger Bücher zum Thema Kunst und ästhetische Wertung beisteuerte, u. a. *Vom Erkennen des literarischen Kunstwerks*, Tübingen 1968.

## Der Kitsch

Das Phänomen des Kitsches scheint so schwer zu fassen zu sein, dass viele Autoren sich mit einer phänomenologischen Darstellung begnügen. Eine kleine deutsche Kitsch-Anthologie mit einem einleitenden »Versuch über den literarischen Kitsch« bietet Walther Killy, *Deutscher Kitsch. Ein Versuch mit Beispielen*, Göttingen 1961. Aus der Fülle der kritischen Literatur seien weiter genannt:
Ludwig Giesz, *Phänomenologie des Kitsches. Ein Beitrag zur anthropologischen Ästhetik*, Heidelberg 1960.
Abraham A. Moles, *Psychologie des Kitsches*. Aus dem Französischen von Bernd Lutz, München 1972.
Wilfried Wolf, *Die Phänomenolügie des »Kitsches«*, Osnabrück 1980.
Helge Pross (Hg.), *Kitsch. Soziale und politische Aspekte einer Geschmacksfrage*, München 1985.

## Kunst und Wahrheit

Die Wiederaufnahme der platonischen Anbindung des Schönen an das Wahre und Gute durch Hegel blieb auch danach ein Charakteristikum der deutschen Ästhetik. Kritisch setzt sich damit Käte Hamburger in ihrem Buch *Wahrheit und ästhetische Wahrheit*, Stuttgart 1979, auseinander. Dennoch unternahm Josef Früchtl in *Ästhetische Erfahrung und moralisches Urteil. Eine Rehabilitierung,* Frankfurt/M. 1996, den Versuch, die Kunst wieder fester an die Ethik anzuschließen. Beide Tendenzen prägen auch das ästhetische Denken der Frankfurter Schule mit Adorno als ihrer Zentralfigur.

## Kriterien der ästhetischen Wertung

Über das Problem der ästhetischen Wertung existiert eine reiche wissenschaftliche Literatur, von der nur die folgenden Titel genannt werden sollen:
Roman Ingarden, *Erlebnis, Kunstwerk und Wert*, Tübingen 1969.
Jochen Schulte-Sasse, *Literarische Wertung*, 2. Auflage Stuttgart 1976.
Bernd Lenz und Bernd Schulte-Middelich (Hgg.), *Beschreiben, Interpretieren, Werten. Das Wertungsproblem in der Literatur aus der Sicht unterschiedlicher Methoden*, München 1982.

## Wie allgemein ist das ästhetische Urteil?

Die von Jahr zu Jahr zunehmende Ausdifferenzierung vielfältigster und widersprüchlichster Geschmacksnormen hat den Begriff des guten Geschmacks inzwischen so fragwürdig gemacht, dass zuweilen behauptet wird, man könne ihn überhaupt nicht mehr seriös verwenden. Zur Theorie des Geschmacksurteils siehe u. a.:
Pierre Bourdieu, *Die feinen Unterschiede. Kritik der gesellschaftlichen Urteilskraft*, aus dem Französischen übersetzt von Bernd Schwins und Achim Russer, Frankfurt/M. 1982.
Luc Ferry, *Homo aestheticus*, deutsch: *Der Mensch als Ästhet. Die Erfindung des Geschmacks im Zeitalter der Demokratie*. Aus dem Französischen von Petra Braitling, Stuttgart 1992.

## Die anthropologische Funktion der Kunst

Die Frage, weshalb Menschen überhaupt Kunst machen, ist von Philosophen, Kultursoziologen und Anthropologen immer wieder in verschiedensten Kontexten gestellt worden, doch gibt es erstaunlich wenig Arbeiten, die sich zentral damit befassen. Zu ihnen gehört das Buch *Art as Experience*, New York 1934, von John Dewey, dem Hauptvertreter des amerikanischen Pragmatismus. Es ist erst 1988 auf Deutsch unter dem Titel *Kunst als Erfahrung* in Frankfurt/M. erschienen. Aus der Sicht eines Kunsthistorikers stellt Ernst Gombrich in *Art and Illusion. A Study in the Psychology of Pictorial Representation*, Oxford 1960; auf Deutsch *Kunst und Illusion*, Stuttgart 1978, ebenfalls grundsätzliche Überlegungen über die Funktion der Kunst an, wenngleich er sich dabei auf die bildende Kunst und hier wiederum auf ihre Abbildungsfunktion beschränkt. Mit dem Ursprung der bildenden Kunst befasst sich S. Giedion in *Ewige Gegenwart – Die Entstehung der Kunst. Ein Beitrag zu Konstanz und Wandel*, Köln 1962. Die gleiche Frage aus anderer Sicht stellt Georges Bataille in *Die Höhlenbilder von Lascaux oder die Geburt der Kunst*, Stuttgart 1984. Einen fruchtbaren Impuls erhielten die anthropologischen Bestimmungsversuche durch die Psychoanalyse. Freud selbst gab mit *Totem und Tabu* (1912/13) und anderen Schriften wichtige Anstöße. In neuerer Zeit legte Richard Kuhns eine *Psychoanalytische Theorie der Kunst* vor (aus dem Englischen übersetzt von Klaus Laermann; Frankfurt/M. 1986). In Amerika kreierte der vielbeachtete Ästhetiker Arthur C. Danto den Begriff der *artworld* und versuchte in mehreren Büchern die Rolle der Kunst neu zu bestimmen, so z. B. in *Die Verklärung des Gewöhnlichen. Eine Philosophie der Kunst.* Aus dem Amerikanischen von Max Looser, Frankfurt/M. 1984.

## Gibt es eine weibliche Ästhetik?

Diese Frage wurde schon 1976 von Silvia Bovenschen gestellt in ihrem Aufsatz *Über die Frage: Gibt es eine ›weibliche‹ Ästhetik?*, in: Ästhetik und Kommunikation. Heft 25. S. 60–75. Seitdem ist die Literatur über weibliche Kreativität zu einem breiten Strom angeschwollen, während die weibliche Rezeptivität weit weniger Beachtung fand. Zur Psychologie der weiblichen Wahrnehmung und den neurologischen Voraussetzungen findet der Leser das rein Faktische in leicht verständlicher Form in Jeanne Rubner, *Was Frauen und Männer so im Kopf haben*, München: dtv 1996. Faktenreich und informativ ist auch Karl Grammer, *Signale der Liebe. Die biologischen Gesetze der Partnerschaft*, Hamburg 1993; seit 1995 als Taschenbuch bei dtv.

## Geschmack und Gesellschaft

Der Zusammenhang von Geschmack und Gesellschaft wird meist nur indirekt in Sozialgeschichten der Kunst aufgezeigt, so z. B. von Arnold Hauser,

*Sozialgeschichte der Kunst und Literatur*, München 1953. Zentraler befasst sich Hauser mit dem Thema in *Kunst und Gesellschaft*, München 1973. Anstöße zu einer Geschmackssoziologie gab schon 1923 der Anglist Levin L. Schücking in *Soziologie der literarischen Geschmacksbildung*. 3. neu bearbeitete Auflage Bern 1961. Aus neuer Zeit ist Janet Wolff, *Aesthetics and the Sociology of Art*, London 1983, zu nennen. Eine interessante Untersuchung des Verhältnisses von Gesellschaft und Geschmack aus englischer Sicht legte Jules Lubbock in *The Tyranny of Taste. The Politics of Architecture and Design in Britain, 1550–1960*, New Haven 1995, vor. Zur gesellschaftlichen Prägung des Humors siehe Hans-Dieter Gelfert, *Max und Monty. Kleine Geschichte des deutschen und englischen Humors*, München 1998.

## Kunst heute

Die Literatur zur Situation der Gegenwartskunst ist so umfangreich, dass es vermessen wäre, über sie ein zusammenfassendes Urteil abzugeben. Im Gewirr der Stimmen lassen sich allerdings zwei gegensätzliche Lager ausmachen. Das konservative sieht in der gegenwärtigen Kultur den Verfall traditioneller Werte, wofür Hans Sedlmayr schon 1948 mit seinem Buch *Verlust der Mitte*, Neuausgabe Berlin 1985, das Schlagwort lieferte. Das progressive Lager versucht demgegenüber die moderne Kunst als eine neue, der demokratischen Massengesellschaft angemessene Kulturform auszuweisen. Die radikalsten unter den Postmoderne wollen den Kunstbegriff sogar ganz aus dem Verkehr ziehen. Die folgenden Titel stellen eine kleine Auswahl unterschiedlicher Positionen dar:

Dieter Wellershoff, *Die Auflösung des Kunstbegriffs*, Frankfurt/M. 1976.
Heinz Friedrich (Hg.), *Ende der Kunst – Zukunft der Kunst*, München 1985.
Wolfgang Welsch, *Unsere postmoderne Moderne*, Weinheim, 1987.
Christoph Menke, *Die Souveränität der Kunst. Ästhetische Erfahrung nach Adorno und Derrida*, Frankfurt/M. 1991.

# Namenregister


Addison, Joseph 40
Adorno, Theodor W. 5, 9, 88, 124
Arcimboldo, Giuseppe 38
Aristoteles 6, 14 f., 73
Arnold, Matthew 108
Bach, Johann Sebastian 61, 88, 94 f.
Bacon, Francis 62 f.
Bard, P. 54
Bartok, Bela 111
Baselitz, Georg 122
Baumgarten, Alexander Gottlieb 13, 16
Beckett, Samuel 113
Beethoven, Ludwig van 36, 60, 94, 107, 113
Benn, Gottfried 110
Bense, Max 51
Berlyne, D. E. 125
Bernays, Jakob 14
Beuys, Josef 9, 116, 118 f.
Birkhoff, G. D. 49 f.
Borinski, Karl 19
Bosch, Hieronymus 38
Botticelli, Sandro 94
Bouhours, Dominique 63
Brahms, Johannes 107, 123
Brecht, Bertolt 113
Bruckner, Anton 36, 67, 113
Burke, Edmund 13, 15, 19, 35 f., 37
Busch, Wilhelm 8
Calder, Alexander 62
Cannon, W. B. 54
Caroline (engl. Königin) 30
Christo 117
Coleridge, Samuel Taylor 27 f.
Constable, John 68
Dalí, Salvadore 110
Darwin, Charles 30, 100 f.
Darwin, Erasmus 30
Descartes, René 16
Dickens, Charles 123
Dos Passos, John 111
Duchamp, Marcel 64
Dürer, Albrecht 94, 123
Eliot, Thomas Stearns 110, 114
Ernst, Max 110
Escher, M. C. 114
Euler, Leonhard 30
Faulkner, William 111
Fénelon, François de Salignac de la Mothe 63
Fontana, Lucio 9, 122
Freud, Sigmund 100 f.
Friedrich, Caspar David 36
Gide, André 114
Goethe, Johann Wolfgang 7, 10, 64, 80–84, 85, 93, 123
Gombauld, Jean Ogier de 63
Gournay, Demoiselle de 63
Gracian, Baltasar 19
Grass, Günter 126
Gunzenhäuser, Rul 51 ff.
Hegel, Georg Wilhelm Friedrich 5, 22, 33, 38, 88, 124
Heywood, Thomas 63
Hindemith, Paul 111
Hölderlin, Friedrich 36, 85, 107
Hogarth, William 29 f., 63
Homer 7
Hutcheson, Francis 26 f., 52
Jauß, Hans Robert 5
Joyce, James 52, 111, 114 f., 117, 126

Kafka, Franz 126
Kafka, Gustav 43
Kandinsky, Wassily 97
Kant, Immanuel 13, 19, 22, 24f., 31f., 34f., 37, 65, 95, 107, 124f.
Keats, John 89ff.
Kiefer, Anselm 116, 119
Klee, Paul 64, 88
Klein, Yves 116
Körner, Christian Gottfried 30
Leibniz, Gottfried Wilhelm 16, 30
Locke, John 13, 16
Macpherson, James 36
Mann, Thomas 111
Marx, Karl 73, 118, 124
Mersenne, Marin, Père 28
Merz, Mario 122
Milton, John 36
Miró, Joan 110
Mörike, Eduard 88
Mondrian, Piet 75
Mozart, Wolfgang Amadeus 52, 58, 60, 64, 66, 96
Newton, Isaac 30
Nietzsche, Friedrich 79
Picasso, Pablo 110, 114, 117
Platon 5, 14f., 21ff., 26f.
Pope, Alexander 25f.
Proust, Marcel 126
Pythagoras 28
Rabelais, François 38
Raffael 62
Rembrandt 75, 94, 123
Richter, Gerhard 116
Rubens, Peter Paul 75, 96
Rückriem, Ulrich 116
Sales, François de 27
Sarasate, Pablo de 58
Saveur, J. 28
Schiller, Friedrich 5, 30, 32f., 61, 119f., 123
Schirner, Michael 69
Schönberg, Arnold 96, 110f.
Serra, Richard 116
Shaftesbury, Anthony Ashley Cooper, Graf von 26
Shakespeare, William 29, 39, 61, 91f., 123
Shannon, C.E. 50
Shipley, Joseph T. 78
Sokrates 23
Sophokles 123
Spitzweg, Carl 87
Sterne, Laurence 114
Strawinsky, Igor 111, 114, 117
Temple, Sir William 39
Thomson, James 36
Tolstoi, Leo 93
Turner, Joseph Mallord 68
Uecker, Günter 64, 122
van Gogh, Vincent 58
Vasarély, Victor 110
Verdi, Giuseppe 123
Vermeer, Jan 75
Volkelt, Johannes Immanuel 34
Wagner, Richard 36, 67, 107
Warhol, Andy 120
Watkin, David 40
Wittgenstein, Ludwig 61
Wordsworth, William 27
Xenophon 23